T0198548

Sammlung Metzler
Band 105

Matthias Prangel

Alfred Döblin

2., neubearbeitete Auflage

J. B. Metzlersche Verlagsbuchhandlung

Stuttgart

CIP-Kurztitelaufnahme der Deutschen Bibliothek

Prangel, Matthias:
Alfred Döblin / Matthias Prangel.
2., neubearb. Aufl.
Stuttgart : Metzler, 1987.
(Sammlung Metzler ; M 105)

ISBN 978-3-476-12105-9
ISBN 978-3-476-04084-8 (eBook)
DOI 10.1007/978-3-476-04084-8
NE:GT

ISSN 0558–3667
ISBN 978-3-476-12105-9

M 105

Inhalt

Vorbemerkung zur zweiten Auflage

In den 13 Jahren seit dem ersten Erscheinen dieses Realienbandes hat sich die Döblin-Forschung auf vielen Ebenen und in verschiedenste Richtungen bewegt. Dem hat eine Neubearbeitung des Bandes Rechnung zu tragen. Noch am unauffälligsten geschieht das im darstellenden Teil von ›Leben und Werk‹, der sich darauf beschränkt, sachliche Korrekturen, Verdeutlichungen, Ergänzungen eher geringeren Umfangs vorzunehmen. Einschneidend ist demgegenüber die Einarbeitung der seit 1973 erschienenen Texte und Forschungsliteratur in die jeweiligen bibliographischen Abschnitte. Da andererseits die bibliographischen Angaben der ersten Auflage in vollem Umfang beibehalten werden, mag man eine gewisse Bibliographielastigkeit des Bandes kritisieren. Wer indessen um die Unzulänglichkeiten der Döblin-Bibliographie schon bis 1973 und ihr gänzliches Fehlen für den sich anschließenden Zeitraum weiß, könnte den Mangel womöglich als Vorteil nehmen, jedenfalls als Notbehelf bis auf bessere Zeiten.

Leiden, Juni 1986

Abkürzungen

ABuG   Amsterdamer Beiträge zur neueren Germanistik
AW   Ausgewählte Werke in Einzelbänden. In Verbindung mit den
       Söhnen herausgegeben von Walter Muschg. Weitergeführt von
       Heinz Graber und Anthony Riley. Olten und Freiburg i. Br. seit
       1960 (s. S. 1 f.)
BBC   Berliner Börsen-Courier
BT   Berliner Tageblatt
DR   Deutsche Rundschau
DU   Der Deutschunterricht
DVjs. Deutsche Vierteljahrsschrift für Literaturwissenschaft und Geistes-
       geschichte
FAZ   Frankfurter Allgemeine Zeitung
FH   Frankfurter Hefte
FZ   Frankfurter Zeitung
GQ   The German Quarterly
GT   Das Goldene Tor
GRM   Germanisch-Romanische Monatsschrift
Jb.   Jahrbuch
JbIG   Jahrbuch für Internationale Germanistik
JEGP   Journal of English and Germanic Philology
L   Die Literatur
LE   Das Literarische Echo
LJb.   Literaturwissenschaftliches Jahrbuch
LW   Die Literarische Welt
NDB   Neue Deutsche Blätter
NDH   Neue Deutsche Hefte
NDL   Neue Deutsche Literatur
NM   Der Neue Merkur
NR   Die Neue Rundschau
NTB   Das Neue Tagebuch
PT   Prager Tagblatt
PTB   Pariser Tageblatt
PTZ   Pariser Tageszeitung
SL   Die Schöne Literatur
SNM   Deutsches Literaturarchiv im Schiller-Nationalmuseum in Marbach
       am Neckar
St.   Der Sturm
TB   Das Tagebuch
TK   Text und Kritik Nr 13/14 (1966, ²1972)

TLS   Times Literary Supplement
WB   Die Weltbühne
WW   Wirkendes Wort
ZfdPh. Zeitschrift für deutsche Philologie

I. Materialien

1. Textgrundlage

Als textlicher Grundstock der wissenschaftlichen Beschäftigung mit dem Werk Döblins muß heute die noch unabgeschlossene, bislang vierundzwanzig Bände umfassende Auswahlsausgabe des Walter-Verlages (Olten und Freiburg i. Br.) gelten. Die von *Walter Muschg* (Bd 1–11), nach dessen Tod 1965 von *Heinz Graber* (Bd 12–15) und von 1978 an von *Anthony Riley* (Bd 17–18 und Bd 20–24 mit unterschiedlichen Bandbearbeitern) betreute Auswahl erscheint seit 1960 in unnumerierten Einzelbänden, die hier jedoch in der Reihenfolge ihres Erscheinens durchnumeriert werden. Die Bde 16 und 19 unterstanden nicht der Obhut Rileys, sondern wurden nachträglich aus einer Jubiläumskassette anläßlich Döblins 100. Geburtstag in die Ausgabe übernommen. Auf die editorischen und erläuternden Nachworte der Herausgeber weisen die bibliographischen Anhänge der jeweiligen Kapitel hin.

(AW 1):   »Die drei Sprünge des Wang-lun« (1960)
(AW 2):   »Pardon wird nicht gegeben« (1960)
(AW 3):   »Berlin Alexanderplatz« (1961)
(AW 4):   »Manas« (1961)
(AW 5):   »Babylonische Wandrung oder Hochmut kommt vor dem Fall« (1962)
(AW 6):   »Erzählungen aus fünf Jahrzehnten« (1979). Alle Erzählungen werden aus diesem Band zitiert, der an die Stelle des früheren Bandes »Die Ermordung einer Butterblume. Ausgewählte Erzählungen 1910–1950« (1962) getreten ist.
(AW 7):   »Amazonas« (1963)
(AW 8):   »Aufsätze zur Literatur« (1963)
(AW 9):   »Unser Dasein« (1964)
(AW 10): »Wallenstein« (1965)
(AW 11): »Hamlet oder Die lange Nacht nimmt ein Ende« (1966)
(AW 12): »Reise in Polen« (1968)
(AW 13): »Briefe« (1970)
(AW 14): »Schriften zur Politik und Gesellschaft« (1972)
(AW 15): »Der deutsche Maskenball, von Linke Poot. Wissen und Verändern!« (1972)
(AW 16): »Berge Meere und Giganten« (1977)
(AW 17): »Der Oberst und der Dichter oder Das menschliche Herz. Die Pilgerin Ätheria« (1978)

(AW 18): »Der unsterbliche Mensch. Der Kampf mit dem Engel« (1980)
(AW 19): »Autobiographische Schriften und letzte Aufzeichnungen« (1980)
(AW 20): »Jagende Rosse. Der schwarze Vorhang« (1981)
(AW 21): »Wadzeks Kampf mit der Dampfturbine« (1982)
(AW 22): »Drama. Hörspiel. Film« (1983)
(AW 23): »Kleine Schriften 1« (1985)
(AW 24): »Schriften zu Leben und Werk« (1986); noch nicht in die biblio-
graphischen Abschnitte eingearbeitet.

Literatur zu den AW: *Auer, M.*, in: LJb. 21 (1980), S. 436–441; *Durzak, M.*,
in: Die Zeit v. 27. 9. 1968; *Endres, E.*, in: NR 77 (1966), S. 653–658; *Höck,
W.*, in: DR 89 (1963), H. 6, S. 81–85; *Kreutzer, L.*, in: Süddt. Ztg. v. 8./9. 6.
1968; *Müller-Salget*, S. 3–8; *Regensteiner, H.*, in: GQ 56 (1983), S. 163–165;
Walter, H.-A., in: FH 19 (1964), S. 866–878.

Neben ihren zweifellosen Mängeln hat zum negativen Image dieser Werkausgabe maßgeblich beigetragen, daß man bei Gelegenheit
ihrer kritischen Musterung immer wieder das noch zu Lebzeiten
Döblins von *Robert Minder* im Verein mit der Mainzer Akademie
der Wissenschaften und der Literatur projektierte, nach Döblins
Tod jedoch am Einspruch der Erben gescheiterte Unternehmen
einer historisch-kritischen Gesamtausgabe in Erinnerung brachte,
als hätte diese, wäre sie jemals erschienen, alle Textprobleme der
Döblin-Forschung schlagartig und endgültig lösen können. Solches
Messen der vorliegenden Ausgabe am Phantom des unausgeführten
Projekts von 1957 muß indessen aus heutiger Sicht als ungerecht
erscheinen. Das erst jetzt verfügbare Wissen um die tatsächlichen
Ausmaße des Döblin-Werkes, um dessen handschriftliche Grundlage und die sich daraus ergebenden immensen editorischen Probleme berechtigt eher zu dem Schluß, daß Minder und die Mainzer
Akademie nicht im Entferntesten wußten und wissen konnten, worauf sie sich einzulassen gedachten. Weder in ökonomischer Hinsicht, noch vom Arbeitsaufwand, von der editorischen Sachkompe-
tenz und Erfahrung und von der Materialbasis her waren damals die
Voraussetzungen gegeben, das Unternehmen dem propagierten
Anspruch einer historisch-kritischen Gesamtausgabe gemäß in eini-
germaßen absehbarer Zeit zu verwirklichen. Berücksichtigt man
diese Ausgangslage, so wird man es nicht als für die Wiederbelebung
des Interesses an Döblin schlechteste Lösung betrachten, daß
Muschg, Döblin-Erben und Walter-Verlag nach dem Tod des
Autors eine sich im Laufe der Zeit immer mehr als Open-End-
Ausgabe entpuppende Werkauswahl verabredeten, die in ihren
ersten elf Bänden zunächst in schneller Folge eine Reihe von einst
nur in geringer Auflage gedruckten, durch die Nazizeit ihrer Wirkung beraubten oder weit verstreuten und jedenfalls schwer greif-

baren Schriften Döblins wieder allgemein zugänglich machte, zwar zu keinem Zeitpunkt eine schlüssige Gesamtkonzeption hinsichtlich Umfang, Inhalt und editorischen Grundsätzen kannte, dafür aber ihre eigene Geschichte bekam, in der sich der sukzessive wachsende Einblick in das Döblinsche Gesamtwerk und seine Editionsprobleme spiegeln. Die Ausgabe zeigt, daß letztlich auch auf dem hier begangenen und im Falle Döblins vielleicht sogar einzig gangbaren mühsamen Weg eines sich über Jahrzehnte von Band zu Band und über manche Stagnation fortschleppenden Verfahrens der Anlagerung, Erweiterung, Korrektur, verbesserten Neubearbeitung einzelner Bände eine Textgrundlage entstehen kann, mit der die Germanistik wird leben können.

Erst vor dem Hintergrund dieser ganz pragmatischen und nicht mehr am illusorischen Bild einer historisch-kritischen Edition orientierten Einschätzung sollte es erlaubt sein, die dennoch fällige Kritik an der vorliegenden Edition zu formulieren. Sie konzentriert sich vornehmlich auf die folgenden Punkte:

Die Textgestalt der Ausgabe stützt sich, wo sie nicht einfach dem Erstdruck folgt, in der Regel auf den Vergleich der Erstdrucke mit Manuskripten, Typoskripten und Vorabdrucken (unmittelbare Druckvorlagen sind nicht erhalten). Sie ist aber, soweit es sich um die von Muschg selber eingerichteten Bände handelt, durch eigenmächtige Eingriffe in Lautstand, Interpunktion, Absatzgliederung wie sogar durch stilistische ›Glättungen‹ verdorben – ein Vorgehen, das mit dem Hinweis, es habe eben nur eine Leseausgabe entstehen sollen, keineswegs zu entschuldigen ist und außerhalb jeder wissenschaftlich verantwortbaren Norm steht. Diese Bände begnügen sich mit interpretierenden Nachworten und globalen editorischen Notizen, ohne den Text im einzelnen zu verantworten und zu kommentieren. Das gilt auch noch für den der Regie von *Edgar Pässler* unterstehenden Band von »Berge Meere und Giganten« (AW 16), während die von Pässler besorgte Neubearbeitung des Erzählungsbandes (AW 6) und der ebenfalls von ihm zusammengestellte Band „Autobiographische Schriften und letzte Aufzeichnungen« (AW 19) sogar auf Nachwort und editorische Notiz verzichten und es beim bloßen Nachweis der Erstdrucke belassen. Durchaus wissenschaftlichen Ansprüchen gewachsen sind demgegenüber die von *Heinz Graber* und *Anthony Riley* herausgegebenen Bände. Zwar sind auch sie nicht an einheitlichen Editionsgrundsätzen orientiert, doch enthalten sie neben den erläuternden Nachworten ausnahmslos gründlich gearbeitete, umfangreiche Kommentarteile und genaue, teilweise bis zur Variantenverzeichnung reichende Angaben zur Textgestaltung und ihrer Historie.

In unkommentierter, doch bereinigter Form präsentiert sich heute der Erzählungsband AW 6 (1979), der nun auch alle jene Erzählungen enthält, die in seiner ursprünglichen Form (1962) der Aufnahme einiger zum Teil später an anderer Stelle der Ausgabe (»Wallenstein«, AW 10) nochmals im Zusammenhang gedruckter Romanfragmente geopfert wurden.

3

Äußerst unglücklich eingerichtet ist der Band »Aufsätze zur Literatur« (AW 8), der unter den Überschriften ›Grundsätzliches‹, ›Gelegentliches‹ und ›In eigener Sache‹ kunsttheoretische Abhandlungen mit Tageskritik, Glückwunschadressen für Autorenkollegen und autobiographischen Äußerungen vereint und damit jeder der drei Rubriken ungerecht wird. Boten sich in der Vergangenheit als Ergänzung zu AW 8 lediglich drei außerhalb der Ausgabe von *Walter Muschg* und *Manfred Beyer* herausgegebene Auswahlbände theoretischer, kritischer, politischer und autobiographischer Schriften (s. unten) an, so hat man AW 8 heute vor allem auch im Zusammenhang mit den Bänden »Schriften zur Politik und Gesellschaft« (AW 14), »Autobiographische Schriften und letzte Aufzeichnungen« (AW 19) und »Kleine Schriften I« (AW 23) zu sehen, die den früheren Band zum einen wesentlich ergänzen, zum anderen seinerzeit bereits gedruckte Stücke noch einmal, nun aber in die richtige Umgebung gestellt und systematisch geordnet, aufnehmen. An keiner Stelle hat freilich bislang die offenbar einer Neubearbeitung von AW 8 vorbehaltene, für die Kunstauffassung des jungen Döblin so eminent wichtige Arbeit »Gespräche mit Kalypso. Über die Musik« Eingang in die Ausgabe gefunden.

Für die Romane richten sich die Hauptbedenken einmal gegen den »Amazonas« (AW 7), dessen dritten Teil, »Der neue Urwald«, *Muschg* mit der vom editorischen Gesichtspunkt her mehr als zweifelhaften, überdies auf einer eklatanten Fehlinterpretation beruhenden Begründung ausschied, es handelte sich hier um ein »künstlerisch [...] nicht überzeugendes Anhängsel«. Sodann ist die Edition des »Hamlet« (AW 11) problematisch, die die erst zehn Jahre nach Vollendung des Romans eigens für den Erstdruck von 1956 in der DDR entstandene Schlußversion bringt und damit Döblins geistiger Gestimmtheit bei Kriegsende womöglich nicht ganz entspricht. Aber auch für alle anderen von *Muschg* herausgegebenen Bände gilt, daß sie aus den schon oben genannten Gründen dringend einer Neubearbeitung und Anpassung an das heute erreichte Editionsniveau der Ausgabe bedürfen. Siehe zur in Aussicht stehenden Weiterführung der Werksausgabe: ›Kapitel III. Künftige Aufgaben der Döblin-Forschung‹.

Bei der unzuverlässigen Textgestalt vieler Bände und der trotz des bereits heute erreichten Umfangs noch immer großen Lückenhaftigkeit der Ausgabe sieht sich die Döblin-Forschung in vielen Fällen auf die Erstdrucke verwiesen, die überall an den entsprechenden Stellen der Bibliographie verzeichnet werden. Neudrucke sind in der Regel nur aus der nächstliegenden Quelle aufgeführt, wobei als Reihenfolge des Nächstliegenden zu gelten hat: 1. AW, 2. Zeitlupe, 3. Vertrbg. Beyer, 4. Theaterber. Beyer, 5. sonstige gedruckte Quellen. Weitere Neudrucke sind nur dann genannt, wenn es sich um erste Sammlungen oder bibliophil wertvolle Ausgaben handelt. Auf Vorabdrucke ist, von besonderen Ausnahmen abgesehen, wegen ihrer außerordentlich großen Zahl verzichtet; ebenso in der Regel auf die vielen, manchmal freilich sehr aufschlußreichen Rundfrageantworten Döblins.

Andere Auswahlen aus dem Werk (in Klammern Abkürzung):

Die Zeitlupe. Kleine Prosa, hrsg. v. Walter Muschg, Olten u. Freiburg i. Br. 1962 (= Zeitlupe).

Die Vertreibung der Gespenster. Autobiographische Schriften, Betrachtungen zur Zeit. Aufsätze zur Kunst und Literatur, hrsg. v. Manfred Beyer, Berlin 1968 (= Vertrbg. Beyer).

Griffe ins Leben. Berliner Theaterberichte 1921–1924. Alfred Döblin, hrsg. v. Manfred Beyer, Berlin 1974. Identisch mit: Alfred Döblin. Ein Kerl muß eine Meinung haben. Berichte und Kritiken 1921–1924, hrsg. v. Manfred Beyer, Olten 1976 (= Theaterber. Beyer).

2. Briefveröffentlichungen

Briefe: AW 13. – Literatur: *Anonym:* D.-Briefe. Totalement solo, in: Der Spiegel 24 (1970), Nr 49, S. 204–207; *Duytschaever, J.:* A. D., Briefe, in: GQ 45 (1972), S. 144–152; *Durzak, M.:* Zweimal im Exil, in: Welt der Literatur v. 4. 2. 1971; *Graber, H.:* Nachw. AW 13, S. 661–679; *Reich-Ranicki, M.:* Mißverständlicher Mißverstandener. A. D.s Briefe, in: Die Zeit v. 1. 1. 1971; *Scheuffelen, T. R.:* D. aus der Nähe, in: Stuttgarter Ztg. v. 15. 5. 1971; *Schweikert, U.:* A. D. Briefe, in: NR 82 (1971), S. 557–560; *Ders.* (außerdem Stellungnahmen vom Walter-Verlag und R. Minder): Kontroverse um den D.-Briefband, in: NR 83 (1972), S. 173–178; *Walter, H.-A.:* Augenzeuge seiner selbst. A. D., Briefe, in: FH 27 (1972), S. 55–56.

Nicht in AW 13 gedruckte Briefe:

Brief an die Redaktion des Aufbau, in: Aufbau 5 (1949), S. 1054.

Brief an Irma Heim-Loos v. 24. 5. 1946, in: Briefe der Expressionisten, hrsg. v. K. Edschmid, 1964, S. 129.

Brief an Theodor Heuss v. 14. 1. 1946, in: Th. H. Der Mann, das Werk, die Zeit. Eine Ausstellung, 1967, S. 250.

Briefe an Hermann Kesten v. 5. 7. 1933, 4. 6. 1939, 1. 12. 1940, 13. 12. 1940, 31. 3. 1941, 30. 1. 1942, 10. 1. 1943, 18. 5. 1943, 24. 11. 1945, 30. 12. 1945, 11. 4. 1946, 20. 11. 1946, 5. 1. 1947, 11. 3. 1947, 7. 5. 1947, 8. 9. 1947, 3. 12. 1948, 14. 11. 1949, alle in: H. K. Deutsche Literatur im Exil, 1964.

Brief an Arthur Koestler [1938], in: AW 14, S. 374–379.

Briefe an Robert Minder v. 29. 6. 1940, 30. 6. 1940, 13. 7. 1940, in: Verbannung. Aufzeichnungen deutscher Schriftsteller im Exil, hrsg. v. E. Schwarz u. M. Wegner, 1964, S. 86–88.

Brief an Max Niedermayer v. 15. 7. 1948, in: M. N., Pariser Hof, 1965, S. 37–38.

Brief an Franz de Paula Rost, in: Stimme der Freiheit 2 (1930), Nr 3, S. 34, ebenso in: AW 14, S. 257–258.

Briefe an Henry Regensteiner v. 2. 5. 1950, 26. 5. 1950, 8. 8. 1950, in: Modern Language Notes 80 (1965), S. 663–639; ebenso in: German Life and Letters 21 (1967), S. 18–21.

Brief an A. Theile v. 24. 3. 1944, in: Humboldt 8 (1967), Nr 30, S. 81–82.
Brief an Kurt Wolff v. 6. 12. 1913, in: K. W., Briefwechsel eines Verlegers
1911–1963, 1966, S. 133–134.
Brief an Arnold Zweig zum 65. Geburtstag, in: Sinn und Form 4 (1952),
Sonderheft A. Z., S. 9–10.
Mehrere Einladungen und Zirkularbriefe des Jahres 1931, in: *Kreutzer*,
S. 149–154, teilw. ebenso in: AW 14, S. 292–297.
Unveröffentlichte Briefe befinden sich in größerer Zahl im Besitz u. a. fol-
gender Institutionen, Personen oder deren Nachlaß: Badische Landesbi-
bliothek (Karlsruhe), Leo Baeck Institute (New York), Claude Döblin
(Nizza), Peter Döblin (New York), Herbert Gorski (Leipzig), Theodor
Heuss Archiv (Stuttgart), Wolfgang Kasack (Bonn), Edda Lindner (Ber-
lin), Yolla Niclas (New York), Robert Minder (Paris), Paul E. H. Lüth,
Sigmund Pollag (Zürich), SNM, Staatsbibliothek Preußischer Kulturbe-
sitz (Berlin), Staats- und Universitätsbibliothek Hamburg.

3. Nachlaß

Von größtem Wert für die wissenschaftliche Arbeit ist der umfangreiche Nachlaß Döblins, der vom SNM (neben einem relativ geringen eigenen Archivbesitz und einem Depositum aus dem Privatbesitz Claude Döblins) als Leihgabe der Döblin-Erben verwaltet wird
und mit nur ganz wenigen Ausnahmen zugänglich ist. Sein Haupt-
teil – darunter das Wesentlichste des bis 1933 entstandenen und
während des Zweiten Weltkriegs in der Pariser Bibliothèque Nationale versteckten Werkes – wurde dem SNM von Claude Döblin,
dem dritten Sohn des Dichters und Vertreter der Erbengemeinschaft
Döblin, 1962/63 übergeben. Noch 1969 konnte der Nachlaß aus
einem glücklichen Fund in einer Züricher Speditionsfirma komplet-
tiert werden.

Der Nachlaß umfaßt vor allem eigenhändige Manuskripte der meisten
Werke, deren Lektüre allerdings auch den im Handschriftenlesen Geübten
häufig vor unüberwindliche Hindernisse stellt (deutsche Schreibschrift;
besonders in Notizbüchern und Exzerpten wissenschaftlicher Literatur Verwendung von Zeichen der Gabelsberger Stenographie; vereinzelt Bleistift;
bei zunehmendem Alter des Dichters bis zur völligen Unleserlichkeit ausge-
schrieben). Ferner enthält der Nachlaß Abschriften und Diktate von fremder
Hand, Typoskripte, Vorarbeiten und Entwürfe zu zahlreichen Werken,
biographische Dokumente, Zeitungsausschnitte von eigenen Arbeiten und
von Rezensionen über Döblins Werke, Materialsammlungen verschiedenen
Inhalts, ca. 150 Briefe und Briefkopien von und ca. 500 Briefe an Döblin,
zum (allerdings nur sehr geringen) Teil gesperrte Briefe und Manuskripte
Dritter. Über den Nachlaß informieren genauer ein Nachlaßbericht und das
Nachlaßverzeichnis im SNM, das in leicht gekürzter Form im ›Jb. der

deutschen Schillergesellschaft‹ (1970), S. 646–657 veröffentlicht ist (dort noch nicht aufgeführt ca. 200 Briefe an Döblin, die dem SNM erst 1971 übergeben wurden sowie das Depositum aus dem Privatbesitz Claude Döblins).

Nicht zum Nachlaß gehören die Texte von etwa 50 Rundfunkvorträgen aus der Nachkriegszeit zwischen 1946 und 1952. Sie werden im Archiv des Südwestfunks in Baden-Baden aufbewahrt.

4. Biographische Dokumente

Für diesen Materialbereich sei pauschal auf den von *Jochen Meyer* herausgegebenen Katalog Nr. 30 der Sonderausstellung Alfred Döblin des SNM von 1978 und die Liste der dort (S. 527–528) verzeichneten Leihgeber der Ausstellung verwiesen.

Weiteres (bzw. teilweise das gleiche) Dokumentmaterial findet sich abgedruckt in: *A. D./Oskar Loerke:* A. D. – Im Buch – Zu Haus – Auf der Straße, 1928; Vertrbg. *Beyer; Schröter 2.*

5. Bibliographien

Hamelau, Karin: Auswahlbibliographie zu A. D., in: TK, S. 69–75 bzw. S. 73–79.

Hamelau, Karin: Auswahlbibliographie zu A. D., in: A. D., Berlin Alexanderplatz, Sonderband, 1967, S. 523–554 (stark erweiterte Form des Vorigen).

Huguet, Louis: Bibliographie A. D. 1972. – Rez.: *Hitzer, H.,* in: Euphorion 69 (1975), S. 86–99; *Jansen, E.,* in: Marginalien (1976), S. 57–62; *Müller-Salget, K.,* in: ZfdPh. 94 (1975), S. 311–317; *Osterle, H. D.,* in: JEGP 72 (1973), S. 609–611; *Wenzel, G.,* in: Weimarer Beiträge 20 (1974), H. 5, S. 188–189.

Küntzel, Gerhard: A. D. Schriftenverzeichnis, in: Jb. der Akademie der Wissenschaften und der Literatur in Mainz, 1957, S. 154–167.

Müller-Salget, S. 405–515.

Peitz, Wolfgang: A. D. Bibliographie 1905–1966, 1968. – Rez.: *Beyer, M.,* in: Weimarer Beiträge 14 (1968), S. 1339–1341; *Müller-Salget, K.,* in: ZfdPh. 88 (1969), S. 635–638; *Segebrecht, D.,* in: FAZ v. 9. 8. 1968; *Weyembergh-Boussart,* S. 381–404.

Mit der 1972 im Aufbau Verlag Berlin und Weimar erschienenen, heute maßgeblichen Bibliographie *Huguets* hat die Döblin-Forschung erstmals eine breite, wenn auch nicht unerschütterliche Basis erhalten. In 2976 Titeln verzeichnet sie als einzige Bibliographie die

Schriften Döblins so gut wie vollständig, trägt für die Sekundärliteratur bis in die Entstehungszeit eine erstaunliche Fülle zum Teil sonst nirgends aufgeführter entlegener Beiträge zusammen und enthält u. a. ausführliche Verzeichnisse der Vorträge und Rundfunksendungen von und über Döblin sowie der Übersetzungen. Das zweifellos große Verdienst dieser Bibliographie wird allerdings dadurch geschmälert, daß ca. ein Drittel aller Titel fehlerhaft oder nicht genau genug gefaßt ist, das Gliederungsschema ein erhebliches Defizit an bibliographischer Methodenreflexion verrät, vor allem aber die Zuordnungskriterien zu den einzelnen Abschnitten so undurchsichtig bleiben, daß die sinnvolle Nutzung entschieden behindert wird. Die zweite selbständig erschienene Bibliographie ist diejenige von *Peitz*. Sie verzeichnet sowohl die Primär- als auch die Sekundärliteratur bis 1966. Da sie aber, abgesehen von ihrer systemlosen Anlage, mit unentschuldbarer Nachlässigkeit im Detail gearbeitet ist und mehrere hundert Fehler aufweist, die in allen Teilen von fehlerhafter Interpunktion über falsche oder fehlende Seitenangaben, Jahreszahlen und Titel bis zu katastrophalen Irrtümern in der Frage der Urheberschaft einer Reihe von Arbeiten reichen, ist gegenüber dieser ganz auf dem Wege der Kompilation entstandenen Bibliographie größtes Mißtrauen am Platze und empfiehlt sich die Verifikation jeder einzelnen Angabe. Sehr sorgfältig gearbeitet ist demgegenüber die umfangreiche, praktisch angelegte, bis auf den Stand des Jahres 1971 gebrachte Bibliographie von *Müller-Salget* im Anhang seiner Döblinstudie. Sie bringt im ersten Teil: A. Dichtungen, B. Fachmedizinische Aufsätze, C. Theoretische und philosophische Schriften, D. Interviews, E. Briefe, F. Übersetzungen; im zweiten Teil: A. Das Echo der Zeitgenossen, B. Der Beitrag der Wissenschaft.

Nur Auswahlbibliographien stellen die beiden Verzeichnisse von *Hamelau* dar. Als Werkbibliographie durchaus brauchbar ist auch der bibliographische Anhang bei *Weyembergh-Boussart*. Dagegen ist das Schriftenverzeichnis von *Küntzel* nur als ein allererster bibliographischer Ansatz zu werten, der zu lücken- und fehlerhaft ist, als daß er heute noch von Nutzen sein könnte.

Jeweils nur unter dem Blickwinkel spezifischer Fragestellungen von Einzeluntersuchungen erfaßt, nicht aber in ihrer Gesamtheit registriert, ist die Sekundärliteratur seit ca. 1970/71. Für diesen Bereich sieht man sich, wenngleich der vorliegende Band Abhilfe zu bringen versucht, vorläufig auf die üblichen bibliographischen Hilfsmittel verwiesen.

6. Übersicht über die wichtigste Sekundärliteratur (wird im weiteren mit Autorennamen und Seitenzahl abgekürzt zitiert)

Arnold, Armin: Der neue Mensch als Gigant: D.s frühe Romane, in : A. A., Die Literatur des Expressionismus, 1966, S. 80–107.

Auer, Manfred: Das Exil vor der Vertreibung. Motivkontinuität und Quellenproblematik im späten Werk A. D.s, 1977.

Baden, Hans Jürgen: Engel am Alexanderplatz, in: H.J.B., Literatur und Bekehrung, 1968, S. 162–197.

Becker, Helmut: Untersuchungen zum epischen Werk A. D.s am Beispiel seines Romans »Berlin Alexanderplatz«, Diss. Marburg/Lahn 1962 (masch.).

Beyer, Manfred: A. D. Grundpositionen seiner Epik und Kunsttheorie in einer Folge von Studien, Diss. Jena 1979 (masch.).

Biedermann, Walter: Die Suche nach dem dritten Weg. Linksbürgerliche Schriftsteller am Ende der Weimarer Republik. Heinrich Mann, A. D., Erich Kästner, Diss. Frankfurt a. M. 1981 (als Ms. gedruckt).

Blesi, Pankraz: Döblin-Lektüre. Erprobung von 4 Lesehypothesen am Roman »Berlin Alexanderplatz«, Diss. Zürich 1978 (als Ms. gedruckt).

Blessing, Karl Herbert: Die Problematik des ›modernen Epos‹ im Frühwerk A. D.s, 1972.

Cahn, Jean-Paul: Alfred Döblin. Prüfung der eigenen Bekehrung und Versuch zu bekehren in »Der unsterbliche Mensch«, Nancy 1969 (masch.).

Casey, Timothy Joseph: A. D., in: Expressionismus als Literatur, hrsg. v. W. Rothe, 1969, S. 637–655.

Denlinger, Arden: A. D.s »Berge Meere und Giganten«. Epos und Ideologie, Amsterdam 1977.

Dscheng, Fang-Hsiung: A. D.s Roman »Die drei Sprünge des Wang-lun« als Spiegel des Interesses moderner deutscher Autoren an China, 1979.

Elshorst, Hansjörg: Mensch und Umwelt im Werk A. D.s, Diss. München 1966.

Erhardt, Jacob: A. D.: Eine kritische Untersuchung seines Romans »Amazonas«, 1974.

Faulhaber, Uwe Karl: Stilistische Untersuchungen zum frühen Romanwerk A. D.s im Lichte seiner kritischen Schriften (1910–1929), Diss. Southern California Un. 1970 (masch.).

Ferris, Winifred J.: D.s concept of man, Diss. Stanford Un. 1952 (masch.).

Finnegan, Eugene Patrick: Biblical themes in the novels of A. D., Diss. Northwestern Un. 1967 (masch.).

Flotmann, Ulrich: Über die Bedeutung der Medizin in Leben und Werk von A. D., Diss. Münster 1976 (masch.).

Goldberg, Mark: The individual and society in the novels of A. D., Diss. New York Un. 1969 (masch.).

Graber, Heinz: A. D.s Epos »Manas«, 1967.

Grand, Jules: Projektionen in A. D.s Roman »Hamlet oder Die lange Nacht nimmt ein Ende«, 1974.

Gutschik, Rosemarie: Realität und Dynamik im Werk A. D.s, Diss. Tübingen 1976 (als Ms. gedruckt).

Hachmoeller, Johannes: Ekstatisches Dasein und Tao-Sprung. A. D.s Romane »Die drei Sprünge des Wang-lun« und »Berlin Alexanderplatz« vor dem Hintergrund seiner Naturphilosophie, Diss. Würzburg 1971 (als Ms. gedruckt).

Harnisch, Ulrike: Sozialpsychologische Studien zu A. D.s Roman »Wallenstein«, Diss. Berlin 1972 (als Ms. gedruckt).

Harst, Uta: Der Begriff ›Schicksal‹ in Alfred Döblins Roman »Berlin Alexanderplatz«. Versuch einer neuen Methode der Textanalyse. Diss. Aachen 1979 (als Ms. gedruckt).

Huguet, Louis: A. D., Elements de biographie et biliographie systématique. Annexes: Documents inédits, 3 Bde, Paris 1968 (masch.) = *Huguet 1.* (Der wertvolles biographisches Material enthaltende Bd 1 zur Zeit nicht zugänglich.).

Huguet, Louis: ›L'Œuvre d' A. D., ou la Dialectique de l'Exode 1878–1918, Lille und Paris 1978. = *Huguet 2.*

Huguet, Louis: Pour un centenaire (1878–1978). Chronologie A. D., Abidjan 1978. = *Huguet 3.*

Jaehner, Harald: Erzählter, montierter, soufflierter Text. Zur Konstruktion des Romans »Berlin Alexanderplatz« von A. D., 1984.

Jennings, Anne Liard: A. D.s quest spiritual orientation, with special reference to the novels »Die drei Sprünge des Wang-lun«, »Berlin Alexanderplatz«, and the »Babylonische Wandrung«, Diss. Illinois 1959 (masch.).

Jens, Walter: A. D., in: W. J., Zueignungen, 1962, S. 7–17.

Kaufmann, Hans: Krisen und Wandlungen der deutschen Literatur von Wedekind bis Feuchtwanger, 1966, S. 318–321, 431–438.

Keller, Otto: D.s Montageroman als Epos der Moderne. Die Struktur der Romane »Der schwarze Vorhang«, »Die drei Sprünge des Wang-lun« und »Berlin Alexanderplatz«, 1980.

Kiesel, Helmuth: Literarische Trauerarbeit. Das Exil- und Spätwerk A. D.s, 1986.

Klymink, Georg W.: Kausalität und moderne Literatur. Eine Studie zum epischen Werk A. D.s (1904–1920), 1984.

Kobel, Erwin: A. D., Erzählkunst im Umbruch, 1985.

Kort, Wolfgang: A. D., Das Bild des Menschen in seinen Romanen, 1970.

Kreutzer, Leo: A. D., Sein Werk bis 1933, 1970.

Lide, Francis Pugh: »Berlin Alexanderplatz« in context. A. D.s literary practise, Diss. Illinois 1966 (masch.).

Liede, Helmut: A. D.s Novellenstil, in: H. L., Stiltendenzen expressionistischer Prosa. Untersuchungen zu Novellen von A. D., Carl Sternheim, Kasimir Edschmid, Georg Heym und Gottfried Benn, Diss. Freiburg i. Br. 1960 (masch.), S. 1–63.

Links, Roland: A. D., Leben und Werk, 1979 (3., völlig umgearbeitete Auflage der Ausgabe von 1965; umbruchidentisch mit der westdeutschen Lizenzausgabe von 1981).

Loerke, Oskar: Das bisherige Werk A. D.s (in: A. D. – Im Buch – Zu Haus – Auf der Straße. Vorgestellt von A. D. und O. L., 1928, S. 115–177); ebenso in: O. L., Gedichte und Prosa, Bd 2, 1958, S. 560–604.

Mac Gill, Ian Keith: A critical examination of experimental aspects of A. D.s early work, with particular reference to »Berlin Alexanderplatz«, Diss. New England, Armidale 1963 (masch.).

Mader, Helmut: Sozialismus und Revolutionsthematik im Werk A. D.s mit einer Interpretation seines Romans »November 1918«, Diss. Frankfurt a. M. 1976 (als Ms. gedruckt).

Marshall, Maria F.: Die Bedeutung des Individuationsproblems in A. D.s Werk, Diss. Bryn Mawr College 1970 (masch.).

Martini, Fritz: A. D., in: Deutsche Dichter der Moderne, hrsg. v. B. v. Wiese (1965, S. 321–360), ²1969, S. 325–364.

Mayer, Dieter: A. D.s »Wallenstein«. Zur Geschichtsauffassung und zur Struktur, 1972.

McCoy, Ingeborg Hedwig Rüberg: Realism and surrealism in the works of A. D., The aspect of the demonic, Diss. Austin 1972 (masch.).

Meyer, Jochen: A. D., Katalog Nr 30 der Sonderausstellung A. D. des SNM, 1978.

Minder, Robert: A. D. (in: Deutsche Literatur im 20. Jahrhundert, hrsg. v. H. Friedemann und O. Mann, 1954, S. 249–268; ²1956, S. 291–310; ⁴1961, Bd 2, S. 140–160; ⁵1967, Bd 2, S. 126–150); erweitert u. d. T.: A. D. zwischen Osten und Westen, in: R. M., Dichter in der Gesellschaft, 1966, S. 155–190. = *Minder 1.*

Minder, Robert: Hommage à A. D., in: Allemagne d'aujourd'hui (Paris) 5 (1957), Nr 3, S. 6–19. = *Minder 2.*

Minder, Robert: Begegnungen mit A. D. in Frankreich, in: TK, S. 57–64. = *Minder 3.*

Minder, Robert: »Die Segelfahrt« von A. D., Struktur und Erlebnis, in: Gestaltungsgeschichte und Gesellschaftsgeschichte, hrsg. v. H. Kreutzer, 1969, S. 461–486 (ebenso in: R. M., Wozu Literatur? 1971, S. 77–118), = *Minder 4.*

Moherndl, Stefanie: A. D.: Hamlet oder Die lange Nacht nimmt ein Ende, Diss. Graz 1963 (masch.).

Müller-Salget, Klaus: A. D., Werk und Entwicklung, 1972.

Muschg, Walter: Ein Flüchtling. A. D.s Bekehrung, in: W. M., Die Zerstörung der deutschen Literatur, ³1958, S. 110–140.

Neumann, Harald: Leben, wissenschaftliche Studien, Krankheiten und Tod A. D.s, 1982.

O'Neill, Patrick James: A. D.s »Babylonische Wandrung«, A study, 1974.

Prangel, Matthias (Hrsg.): Materialien zu A. D. »Berlin Alexanderplatz«, 1975.

Regensteiner, Henry: Die Bedeutung der Romane A. D.s von »Die drei Sprünge des Wang-lun« bis »Berlin Alexanderplatz«, Diss. Un. of New York 1954 (masch.).

Ribbat, Ernst: Die Wahrheit des Lebens im frühen Werk A. D.s, 1970.

Roth, Walter: Döblinismus, Diss. Zürich 1980 (als Ms. gedruckt).

Schmidt-Henkel, Gerhard: Der Dichter als Demiurg: A. D., in: G. S.-H., Mythos und Dichtung, 1967, S. 156–187.

Schoonover, Henrietta Szold: The Humorous and Grotesque Elements in D.s »Berlin Alexanderplatz«, Diss. Montreal 1974 (masch.).

Schröter, Klaus: Lob des Widerspruchs. Über A. D., in: K. S, Literatur und Zeitgeschichte, 1970, S. 67–109. = *Schröter 1.*

Schröter, Klaus: A. D. in Selbstzeugnissen und Bilddokumenten, 1978. = *Schröter 2.*

Schuster, Ingrid / Bode, Ingrid (Hrsg.): A. D. im Spiegel der zeitgenössischen Kritik, 1973.

Schwimmer, Helmut: Erlebnis und Gestaltung der Wirklichkeit bei A. D., Diss. München 1960 (masch.).

Sperber, Georg B.: Wegweiser im »Amazonas«. Studien zur Rezeption, zu den Quellen und zur Textkritik der Südamerika-Trilogie A. D.s, 1975.

Stegemann, Helga: Studien zu A. D.s Bildlichkeit. Die Ermordung einer Butterblume und andere Erzählungen, 1978.

Steinmann, Adolf: A. D.s Roman »Hamlet oder Die lange Nacht nimmt ein Ende«, Isolation und Öffnung, Diss. Zürich 1971 (als Ms. gedruckt).

Tewarson, Heidi Thomann: A. D., Grundlagen seiner Ästhetik und ihre Entwicklung 1900–1933, 1979.

De Vries, Karl-Ludwig: Moderne Gestaltelemente im Romanwerk A. D.s und ihre Grundlagen. Ein Beitrag zur Morphologie des modernen Romans, Diss. Hamburg 1968 (als Ms. gedruckt).

Watt, Norman Mairs: A critical analysis of A. D.s novel: »Babylonische Wandrung oder Hochmut kommt vor den Fall«, Diss. Minnesota 1971 (masch.).

Weyembergh-Boussart, Monique: A. D., Seine Religiosität in Persönlichkeit und Werk, 1970.

Wichert, Adalbert: A.D.s historisches Denken. Zur Poetik des modernen Geschichtsromans, 1978.

Załubska, Cecylia: D.s Reflexionen zur Epik im Spiegel ausgewählter Romane, Poznań 1980.

Žmegač, Victor: A. D.s Poetik des Romans, in: Deutsche Romantheorien, hrsg. v. R. Grimm, 1968, S. 297–320; (ebenso in: Sinn und Form 21 (1969), S. 404–423).

A. D., Zum 70. Geburtstag, hrsg. v. P. E. H. Lüth, 1948. = A. D. 70.

Zu A. D., hrsg. v. I. Schuster, 1980. = Zu A. D.

II. Döblins Leben und Werk

1. Herkunft und Jugend (1878–1900)

Alfred Döblin oder, wie die Geburtsurkunde verzeichnet, Bruno Alfred Döblin wurde am 10. August 1878 in Stettin an der Oder im damals von der Familie bewohnten Haus am Bollwerk 37 geboren. Er war das vierte von insgesamt fünf Kindern, von denen vor allem der älteste Bruder Ludwig, dessen Bild später in den Roman »Pardon wird nicht gegeben« Eingang fand, in seiner Jugend eine erhebliche Rolle spielte. Der Selbstmord Ludwigs 1930, der Tod der Schwester Meta bei den Berliner Revolutionsunruhen des Jahres 1919 und das Ende des jüngsten Bruders Kurt mit seiner Familie im KZ Auschwitz gehören zum traurigen Kontext von Döblins Leben.

Der Vater *Max Döblin* (1846–1921), mütterlicherseits mit dem Operettenkomponisten *Léon Jessel* verwandt, stammte aus Posen und unterhielt in Stettin, wohin er noch als Kind gelangt war, mit wenig Eifer und Erfolg ein Konfektionsgeschäft und nach dessen Zusammenbruch ein Zuschneideatelier. Döblin selbst beschrieb ihn als einen intelligenten, mit einer Vielzahl musischer Interessen und Begabungen ausgestatteten Mann, der jedoch »etwas Weichliches, Schlaffes, Schwächliches und Ruhendes« an sich hatte, das ihm jeglichen Ehrgeiz nahm, irgend etwas in seinem Leben – Geschäft oder Kunst – zu einiger Blüte zu entwickeln. Döblin erkannte in ihm den Prototyp des von der Lebens- und Glaubensgemeinschaft seines Volkes abgerissenen, emanzipierten Westjuden: das Opfer von Diaspora und Dauerflucht, dessen geistig-religiöse Traditionen verschüttet und dessen jüdisches Selbstbewußtsein gebrochen waren.

Die zwei Jahre ältere Mutter *Sophie Döblin,* geb. Freudenheim (1844–1920) entstammte einer leidlich wohlhabenden jüdischen Kaufmannsfamilie (ihr Vater war Dorfkaufmann, die Brüder brachten es in Breslau und Berlin im Holzhandel zu beträchtlichem Wohlstand) und wurde in Samter in der Provinz Posen geboren. Sie war das genaue Gegenteil ihres Mannes: eine einfache, mit Intelligenz und Bildung nicht sonderlich belastete Frau von nüchternem und praktischem Sinn. Nach Döblins Aussage war sie von der parvenuhaften Kaufmannsmentalität jener Menschen geprägt, die einst aus ärmlichsten Umständen von Rußland und Polen her zugewandert waren und die Chance zum ökonomischen Aufstieg kompromißlos zu nutzen versuchten. Über die künstlerischen Extravaganzen ihres Mannes und später auch des Sohnes goß sie die ganze Verachtung und Ironie ihrer praktischen und materialistischen Veranlagung aus, auf diese Weise das allgemeine Mißtrauen der rationalisierten Leistungsgesellschaft gegenüber dem modernen Künstler artikulierend. Döblin selbst litt schwer unter dieser amusischen Attitüde seiner Mutter.

Unverkennbar war in den polar entgegengesetzten Wesenszügen der Eltern die außerordentlich ambivalente geistige Konstellation von Döblins eigener Persönlichkeit bereits vorgegeben. Das schlechte Gewissen beim Schreiben und der Affront gegen alles nur Ästhetische, der paradigmatische Arzt-Dichter-Typus seiner Existenz, das Nebeneinander von »Rausch und Nüchternheit« in seinem literarischen Werk, kurz das ganze rational-irrationale Persönlichkeitsspektrum Döblins, als dessen Grundfigur man die »Unvereinbarkeit von Gegensätzen« (Leo Kreutzer) betrachten kann, erhält von hier aus zumindest teilweise seine Motivierung.

Döblin wurde mosaisch getauft; doch die Abschwächung der religiösen und kulturellen jüdischen Tradition, die schon die Eltern kennzeichnete, setzte sich bei ihm fort. Er erinnerte sich zwar, daß die Familie an den hohen jüdischen Feiertagen in die Synagoge ging (der Vater sang im Chor), erlernte im unregelmäßigen Religionsunterricht der Schule noch die Anfangsgründe des Hebräischen und erwies sich später als auffällig genauer Kenner von Talmud und Altem Testament; eine innere Bindung an die Lehre aber kam, ähnlich wie bei manchen anderen zeitgenössischen jüdischen Dichtern, nicht mehr auf. 1912 trat Döblin offiziell aus der jüdischen Gemeinde aus und ließ die Söhne Peter und Klaus taufen und am evangelischen Religionsunterricht der Schule teilnehmen. Erst seit den zwanziger Jahren gewann die Besinnung auf die jüdische Herkunft als Teil einer umfassenden geistigen Neuorientierung für ihn größere Bedeutung und führte in der Folgezeit zu einem Anschluß an jüdische Gemeinschaften, der zeitweise viel enger war als gemeinhin angenommen und von Döblin selbst zugegeben wurde.

Döblins Jugendjahre nahmen einen durchaus irregulären Verlauf. Sie wurden von einem Familienereignis überschattet, das weitreichende äußere und innere Folgen für seine Entwicklung hatte und dessen Spuren weit in das literarische Werk hinein zu verfolgen sind. Er besuchte in Stettin seit 1885 die Vorschule des Friedrich-Wilhelmstädter-Realgymnasiums und wechselte drei Jahre später auf die Gymnasialabteilung über. In der Sexta aber fand die bis dahin normal verlaufene Schulausbildung eine abrupte Unterbrechung. Die jahrelangen schweren Reibereien zwischen den ungleich veranlagten Eltern kulminierten 1888 im Ausbruch des Vaters aus den als Zwangsjacke empfundenen familiären Bindungen. Der Vater verschwand mit der zwanzig Jahre jüngeren *Henriette Zander,* einer Angestellten seiner Zuschneidestube, nach Amerika und ließ die Mutter mit den fünf Kindern, die sogleich von der Schule genommen werden mußten, verschuldet im Stich. Noch im gleichen Jahr fand die Übersiedlung nach Berlin statt, wo man sich wirtschaftiche Hilfe von Verwandten der Mutter erhoffte. Als Max Döblin sich, aus Amerika zurückgekehrt, in Hamburg niedergelassen hatte, kam es Anfang 1890 in einem Versuch, die zerrüttete Ehe zu kitten, zwar zu einer Familienzusammenführung in Hamburg (es folgten andere, erst 1908 wurde die Ehe geschieden); doch der Versuch scheiterte, und nach einem halben Jahr zog Sophie Döblin mit ihren Kindern wieder nach Berlin. Im Konflikt der Eltern hielt Döblin wie die Geschwister zur Mutter, und es entstand eine durchaus komplexhaften Charakter tragende Mutterbindung, die sich später in seiner eigenen Ehe fortsetzte und im schriftstellerischen Werk sowohl einen auffällig antifemininen Affekt als einen damit korrespondierenden homoerotischen und masochistischen Einschlag mitbewirkte (der allerdings, wie Robert Minder gezeigt hat, nicht nur psychologisch, sondern besonders auch soziologisch zu begründen ist). Andererseits wird man in dem frühen Verlust des Vaters eine geistige Freisetzung erblicken können, welche die Möglichkeit einer psychoanalytischen Erklärung für Döblins lebenslange, häufig widerspruchsvolle Überichsuche in Philosophie und Religion bietet.

Die Stettiner Kinderjahre und mit ihnen das Bild des Vaters verdrängte Döblin lange aus seinem Bewußtsein, bevor er sich vorsichtig zu dem Vater als der Quelle auch seines eigenen Künstlertums bekannte. Jahrzehnte hindurch blieb er sich selbst ein »Rührmich-nicht-an«. Aus dem Jahr 1918 stammt die früheste (1970 posthum veröffentlichte) kleine Autobiographie »Doktor Döblin«, und erst der Fünfzigjährige lüftete 1928 im »Ersten Rückblick« vor der Öffentlichkeit den Schleier, der über seiner Herkunft lag. Eine gewisse Scheu vor sich selbst behielt er allerdings sogar noch dann. Obwohl Döblin 1918 vorgab, besonders in Zeiten der inneren Erschütterung einen Drang zur Autobiographie zu verspüren, wurde er, wie er im Alter rückblickend ausdrücklich feststellte, »kein Mann der Selbstbiographie«. Die wenigen Selbstdarstellungen, die dennoch entstanden, sind gewöhnlich nachlässig im faktischen Detail und verstecken ihren nackten Informationswert häufig hinter verfremdender literarischer Draperie.

Im Osten Berlins, wo die vaterlose Familie sich dank der nüchternen Tatkraft der Mutter, der Hilfe der Verwandten und vor allem des bald im Holzgeschäft seines Onkels *Rudolf Freudenheim* untergebrachten ältesten Bruders in dürftigsten Umständen über Wasser hielt und im heutigen Bezirk Friedrichshain von einer Wohnung in die andere umzog, besuchte Döblin – für die Fortsetzung der Gymnasialausbildung fehlte vorläufig das Geld – anfänglich die Gemeindeschule in der Blumenstraße, dann nach dem halbjährigen Hamburger Intermezzo die Gemeindeschule am Friedrichshain. In dieser allerersten Berliner Zeit bildete sich bei dem jungen, ohne jede verläßliche ökonomische Absicherung aufwachsenden Döblin das für ihn charakteristisch bleibende soziale Mitgefühl und eine nie mehr aufgegebene Parteinahme für die Armen aus eigenem Erleben heraus. 1891 erhielt er eine Freistelle am Köllnischen Gymnasium und wurde, inzwischen überaltert, wieder in die Sexta gesteckt, die er drei Jahre zuvor in Stettin verlassen hatte. War er anfänglich ein guter Schüler, so rächte sich die Überalterung bald und die Freistelle wurde ihm wieder entzogen. Nach zweimaligem Sitzenbleiben, für das er selber besonders Schwächen in Mathematik verantwortlich machte, verließ er schließlich Michaelis 1900 als Zweiundzwanzigjähriger mit einem mäßigen Abitur die Schule. Er empfand die Schulzeit als einen Leidensweg um so mehr, da er als am Schluß schon fast Erwachsener in besonders hohem Grade in Opposition zur Inhumanität des preußischen Bürokratismus und des nationalstaatlichen Denkens geriet, auf welchen seine gründerzeitliche Schule fußte. Nach dem Zeugnis seines Klassenkameraden *Moritz Goldstein* soll Döblin, der den anderen Schülern zwar nicht an Schulwissen, doch an Lebenswissen überlegen war, auf seine Lehrer eine irritierende Wirkung gehabt haben. Im »Ersten Überblick« von 1928, in dem er seine toten Lehrer vors Tribunal zitiert, schrieb Döblin, scheinbar scherzhaft, doch den ganzen Widerwillen gegen jene Form der Erziehung ausdrückend: »Ich habe beim Verlassen der Schule dort auf den Boden gespuckt. Ich lege Wert darauf, daß dies festgelegt und zu Protokoll genommen wird« (AW 19, S. 65).

Trotz der Schwere des ersten Berliner Jahrzehnts setzte Döblin doch später mit dem Eintritt in Berlin seine eigentliche Geburt an, gegenüber welcher er in Stettin nur vorgeboren zu sein glaubte. Nirgends findet sich eine Notiz, die darauf hinwiese, daß sich der entwurzelte Provinzler etwa im Getriebe der modernen Großstadt nicht zu Hause fühlte. Er hat sich im Gegenteil nie mehr anders als Berliner und Großstädter gesehen. Bei aller späteren Zweischneidigkeit seiner Beurteilung des Zivilisatorischen faszinierten den jungen Döblin die Technisierung und Industrialisierung, die Häuser- und Menschenmassen des aufstrebenden Berlin der Jahrhundertwende und ließ ihn in Begeisterung für diese Wahrzeichen der Zeit bis ins Alter, als er Amerika betrat, nicht mehr los.

Zu den besonderen Bildungserlebnissen der Jugend, die neben die üblichen der humanistischen Schulbildung traten, macht Döblin verschiedentlich, einander allerdings in bezug auf ihre zeitliche Abfolge manchmal widersprechende Angaben. Wohl am frühesten setzte die Berührung mit der Musik ein. Noch in Stettin erhielt er die ersten Klavierstunden vom Vater (der jüngste Bruder Kurt soll ein blendender, wenn auch nicht professioneller Pianist geworden sein), und zu den wichtigsten musikalischen Eindrücken seiner Jugend gehörte außer *Brahms* und *Hugo Wolf* vor allem – obligat für jene gesamte Generation – *Wagner*, dem auch für Döblins literarische Arbeit Bedeutung zukommen sollte. »Heldensagen, antike und deutsche, und Volksmärchen« ließen Döblin, wie er sich erinnerte, »ganz kalt«. Doch las er als Gymnasiast, der zumeist abseits vom Treiben der jüngeren Mitschüler stand, »unheimlich viel«. Neben *Kleist* – an Goethes Kritik der »Penthesilea« entzündete sich seine zornige Ablehnung der Klassik – und *Hölderlin*, die ihm als »geistige Paten« galten, werden *Augustin, Spinoza, Schopenhauer, Dostojewski* und *Nietzsche* genannt. Der Höhepunkt des Nietzsche-Erlebnisses jedoch fiel wohl erst in den Beginn der Berliner Studentenjahre. Eigene literarische Arbeiten sind, sieht man von einer auf den 6. Okt. 1896 datierten Prosaskizze »Modern« und einigen unbedeutenden kleinen Manuskriptbruchstücken ab, aus diesem frühesten Lebensabschnitt bis zum Jahr 1900 nicht bekannt. Döblin betonte zwar, daß er »schon als Quartaner gedacht und geschrieben« habe. Doch hat man sich ihn gewiß nicht als spezifische literarische Frühbegabung etwa im Sinne Hofmannsthals oder Rilkes, sondern eher als in seiner literarischen Entwicklung leicht retardiert vorzustellen.

Zur Biographie

Selbstzeugnisse: Doktor Döblin, Selbstbiographie von A. D. [wohl 1918 entst.], erstmals 1970, ebenso [unter dem Titel: Ich nähere mich den Vierzig] in: AW 19, S. 11–19; Autobiographische Skizze, in: AW 19, S. 20–21; Wider die abgelebte Simultanschule, in: WB 23 (1927), Bd 1, S. 819–824; Erster Rückblick, in: AW 19, S. 37–94; Ich prüfe und befrage mich (aus »Schicksalsreise«), in: AW 19, S. 205–215; Altes Berlin, in: LW 8 (1932), Nr 29/30, S. 9; Epilog, in: AW 8, S. 384, ebenso in: AW 19, S. 440; Erlebnis zweier Kräfte, in: Zeitlupe [unter falschem Titel], S. 215; Brief an Fritz Brümmer (10. 10. 1917), in: AW 13, S. 100–101; Was waren sie für ein Schüler? [Rundfrageantwort] in: BBC v. 4. 4. 1926; Was war uns die Schule? [Rundfrageantwort] in: Schule und Elternhaus 7 (1930), H. 1, S. 70.

Literatur: *Goldstein, M.:* D.s Wallenstein-Roman. Ein Brief an den Verfasser, in: Voss. Ztg. v. 13. 11. 1921, teilweise ebenso in: Katalog *Meyer,* S. 69–70; *Huguet 1,* Bd 1, S. 2–43, 206–208, 271–278; *Huguet 2,* S. 7–13; *Huguet 3,* S. 8–33; *Kreutzer,* S. 9–21; *Links,* S. 9–16; Katalog *Meyer,* S. 10–12, 59–74; *Minder 1,* S. 156–161; *Minder 4,* S. 479–481; *Müller-Salget,* S. 16–43; *Schröter 2,* S. 7–37.

Literarische Tätigkeit bis 1900

Modern. Ein Bild aus der Gegenwart« (Ms. datiert auf 6. 10. 1896), SNM; zu Lebzeiten ungedruckt, erstmals in: AW 20, S. 7–25. – Literatur: *Riley, A.,* in: Nachw. AW 20, S. 288–292.

2. Mediziner und Autor des ›Sturm‹ (1900–1912)

Im Wintersemester 1900/01 (immatrikuliert am 17. Okt. 1900) begann Döblin in Berlin Medizin zu studieren. Sein Onkel Rudolf Freudenheim und der Bruder Ludwig finanzierten die kostspielige Ausbildung. Über die Gründe, die ihn zu der Wahl des Studienfaches bestimmten, geben spätere Selbstzeugnisse mehrfach Aufschluß: der ihm selbst bewußten inneren Affinität zum Irrationalen in Religion, Metaphysik und Kunst wollte Döblin mit einem rationalen und vor allem von der Gesellschaft sanktionierten Korrektiv begegnen, das ihm den Weg in die bürgerliche Normalität öffnen sollte. Zu der beruflichen Laufbahn, die er mit dem Medizinstudium einschlug, hat Döblin sich immer voll bekannt. Er übte den Medizinerberuf mit hohem Ethos als das jederzeit Selbstverständliche und zu einem guten Teil als Rechtfertigung für die ihm häufig suspekt (weil nicht praktisch humanitär wirksam) erscheinende schriftstellerische Arbeit aus. Er sah sich dabei nie vor eine Entscheidung zwischen ärztlicher und literarischer Tätigkeit gestellt, sondern vollzog deren noch im »Epilog« von 1948 betonte tiefe Unversöhnlichkeit und gleichzeitige Unaufhebbarkeit als fragloses Nebeneinander von Arzt und Dichter.

Die naturwissenschaftliche Beschäftigung des angehenden Mediziners wurde einerseits die Grundlage für ein unmittelbares, exakt beobachtendes Verhältnis zur faktischen Wirklichkeit, für die Hochschätzung der Leistungen analytischer Erkenntnis und – so sehr die eigenen literarischen Anfänge dagegen zu sprechen scheinen – für eine dementsprechende Abneigung gegen alle romantisierende Gefühlsseligkeit. Sie ließ ihn andererseits aber auch schnell die Grenzen kausaler Erkenntnismöglichkeiten erfahren und bereitete so die späteren Angriffe gegen die »steckengebliebene« positivistische Erkenntnis der Naturwissenschaften und die Forderung nach einer über das Rationale hinausreichenden geistigen Welterkenntnis indirekt vor. Neben der bald einsetzenden Wendung von der Schulmedizin zur Psychiatrie wird diese spekulative Tendenz auch dadurch unterstrichen, daß Döbin während seiner ganzen Studienzeit mit der ihn schon als Schüler fesselnden Philosophie in Berührung blieb. Er hörte in Berlin Vorlesungen bei *Max Dessoir* (1867–1947), *Friedrich Paulsen* (1846–1908), *Ulrich von Wilamowitz-Moellendorff* (1848–1931) und dem Hegelianer *Adolf Lasson* (1832–1917) und soll nach Mitteilung *Oskar Loerkes* trotz seiner energischen Ablehnung des Staatsgedankens in dem Ruf gestanden haben, ein »unduldsamer Hegelianer« zu sein. Döblins dichtungstheoretische Antithese Roman-Epos und die spekulativen Kernbegriffe seiner großen philosophischen Schriften Ende der zwanziger und Beginn der dreißiger Jahre dürften ihre wichtigste Wurzel im Denken *Hegels* haben. Keinen Zugang fand Döblin dagegen zum subjektiven Idealismus *Kants,* wie er ihn am Ende seines Studiums in den Vorlesungen des Freiburger Neukantianers *Heinrich Rickert* (1863–1936) kennenlernte. Mit welcher Intensität Döblin seine philosophischen Studien betrieb, wie weit die Lektüre im einzelnen reichte, ist allerdings unklar. Sicher scheint nur, daß er weder um objektives Verständnis noch um systematische kritische Auseinandersetzung bemüht war. Er adaptierte – was die nachträgliche Isolierung der verschiedene Einflüsse erschwert – Teile bald dieser bald jener Lehre, gelangte aber über ein rein eklektisches Verhältnis zur Philosophie auch in späterer Zeit kaum hinaus. Die zahlreichen philosophischen Abhandlungen, die er im Laufe seines Lebens schreiben sollte, und deren Reihe er 1902 und 1903 mit den beiden zu Lebzeiten unveröffentlicht gebliebenen Aufsätzen »Der Wille zur Macht als Erkenntnis bei Friedrich Nietzsche« und »Zu Nietzsches Morallehren« einleitete, sind denn auch vornehmlich Zeugnisse seiner inneren Entwicklung und im Hinblick auf das dichterische Werk zu verstehen, besitzen aber so gut wie keinen philosophischen Eigenwert.

In das letzte Schuljahr und den Beginn des Studiums fielen Döblins erste ernsthaftere literarische Schritte, die freilich künstlerisch belanglos genug waren. Er tat sie unter Ausschluß der Öffentlichkeit und in verschämter Geheimhaltung vor den Verwandten. 1900 (September 1900 nennt die maßgebliche Handschrift als Zeitpunkt der Beendigung) entstand der als »kleiner Roman« bezeichnete Erstling »Jagende Rosse« mit dem vielsagenden Zusatz »Den Manen Hölderlins in Liebe und Verehrung gewidmet«; im Jahr darauf folgten zwei Erzählungen, »Adonis« und »Erwachen«, zu deren ersterer sich in einem Kollegheft des Sommersemesters 1901 zwischen naturwissenschaftlichen Notizen ein Entwurf findet. Keine der Arbeiten wurde damals gedruckt. Erst 1923 holte Döblin die Veröffentlichung des »Erwachen«-Textes nach – »als Dokument dieses Alters«, wie es in einem handschriftlichen Vermerk auf der Druckfahne heißt. Diese literarischen Versuche sind in ihrem penetranten Pathos heute nur noch schwer lesbar. Sie zeigen aber deutlich dreierlei: die sprachliche Unselbständigkeit des Vortrags, der weit mehr der lyrisierenden Tradition des jungen Goethe (wörtliche Anklänge), Hölderlins, des Impressionismus, des Jugendstils und der Neuromantik verhaftet war, als daß er die expressionistische ›Kunstwende‹ vorweggenommen hätte; sodann die jede bewußte epische Gestaltung verhindernde jugendlich introvertierte Egozentrik eines mit der Welt entzweiten und von Nietzsches Zivilisationsskeptizismus getragenen décadent; schließlich die lebensphilosophisch gestimmte Sehnsucht des vereinzelten, leidenden Ich zur »Wurzeligkeit« des Ursprungs, zum »schweren Reichtum der Erde«, zur »Mutter, die alle vergessen haben«. Eben dies letztere, »das pflanzenhafte Wieder-kreatürlich-werden« (R. Minder) – und im Zusammenhang damit ein erstes Auftauchen des für Döblin so wichtigen Wassermotivs – weist jedoch bereits voraus: das Thema von der Erlösung des Einzelnen in der ganz substantiell verstandenen Korrespondenz von Mensch und Natur behielt durch gut zwei Jahrzehnte hin zentrale Bedeutung in Döblins Werk.

Was für die damals unveröffentlichten Anfänge galt, trifft trotz eines gewissen Fortschritts auf dem Weg zur bewußten künstlerischen Gestaltung im wesentlichen auch noch auf den 1902/03 geschriebenen, aber erst 1912 im ›Sturm‹ erstveröffentlichten und 1919 selbständig herausgegebenen Roman »Der schwarze Vorhang« zu, den Döblin (wie schon seinen Erstling »Jagende Rosse«) dem immer hoch geschätzten Berliner Kritiker und Sprachphilosophen *Fritz Mauthner* zur Beurteilung vorlegte. In der pathologisch gesteigerten Haßliebe zweier junger Menschen, die in Lustmord (»Penthesilea«-Reminiszenzen treten allzu deutlich zutage) und gemeinsamer Verbrennung endet, suchte Döblin dort die eigene Mutterbindung und deren antifeminine Kehrseite zu bewältigen. Über den Verleger Axel Juncker gelangte das Manuskript 1904 zur Begutachtung auch an Rainer Maria Rilke, der das Werk verriß und vom »perversen Verhältnis des Autors zu seinem Stoff« und einem »völlig verfehlten Buch« sprach, das zwar »Arbeit, wenngleich unfruchtbare und verlorene« darstelle (s. Katalog Meyer, S. 84).

Schon um 1900 hatte Döblin in Berlin die folgenreiche Bekanntschaft des ganz in seiner Nähe, in der Holzmarktstraße, wohnenden gleichaltrigen *Herwarth Walden* gemacht. Zwischen beiden entstand eine langjährige Freundschaft, die erst nach dem Erscheinen von Döblins »Die drei Sprünge des Wang-lun« und in noch stärkerem Maße mit Waldens in den zwanziger Jahren einsetzender Wendung zum Kommunismus zunehmender Entfremdung wich. Über Walden, der seiner Ausbildung nach Musiker war, aber an bildender Kunst und Literatur nahezu gleiches Interesse zeigte und durch Spürsinn wie organisatorisches Talent zu einer der herausragenden Gestalten der expressionistischen Bewegung wurde, kam Döblin mit dem künstlerischen Leben Berlins in Berührung. Er verkehrte im legendären Café des Westens und in der Weinstube Dalbelli an der Potsdamer Brücke, lernte Waldens erste Frau Else Lasker-Schüler, Peter Hille, Erich Mühsam, Sigmund Kalischer, Rudolf Blümner, Samuel Lublinski, den Musiker Conrad Ansorge sowie später Waldens zweite Frau, Nell Walden, und zahlreiche andere zum ›Sturm‹-Kreis stoßende Künstler kennen und wurde Mitarbeiter sämtlicher von Walden zwischen 1908 und der Gründung des ›Sturm‹ redigierten Zeitschriften: ›Das Magazin‹, ›Der Morgen‹, ›Der neue Weg‹, ›Das Theater‹. Besonders folgenreich wurde für Döblin die 1901 ebenfalls über Walden zustandegekommene Beziehung zur *Ernst Ludwig Kirchner,* der Döblins Erzählung »Das Stiftsfräulein und der Tod« mit einer Reihe von Holzschnitten illustrierte, den Autor in den Jahren 1912–1914 vielfach porträtierte und bis in den Beginn der dreißiger Jahre mit ihm in freundschaftlichem Kontakt blieb.

Lockerere Beziehungen hatte Döblin zu Paul Scheerbart, Frank Wedekind und Richard Dehmel. Noch im Alter erinnert er sich an einen Dehmel-Abend, den er als Vorsitzender einer literarischen Arbeitsgruppe der Studentenverbindung ›Finken‹ im Januar 1904 im Berliner Architektenhaus organisierte. Nach dem Tod Peter Hilles am 7. Mai 1904 setzte er sich von Freiburg aus für eine Hille-Feier der ›Finken‹ ein. Weitere Berührungspunkte mit der zeitgenössischen Literatur brachten die Dichterlesungen in Waldens 1904 gegründetem ›Verein für Kunst‹, von denen Döblin die ersten beiden mit Detlev von Liliencron und Arno Holz (dem von Döblin wohl am höchsten verehrten zeitgenössischen Dichter, zu dem er aber erst in den zwanziger Jahren in engere Beziehung kam) am 4. und 27. Oktober 1904 besuchte. Einen Thomas Mann-Abend im November des gleichen Jahres verpaßte er, da er Berlin inzwischen verlassen hatte, informierte sich aber aus der Berliner Tagespresse darüber und korrespondierte mit Walden, der ihn auch während seiner Abwesenheit über Berlins kulturelles Geschehen auf dem laufenden hielt, interessiert über die Veranstaltung. In Äußerungen aus der Zeit nach 1933 versuchte Döblin später den Eindruck zu erwecken, als habe ein feindseliges Verhältnis zu *Thomas Mann* von Anfang an bestanden und dieser zu den im Kreis um Walden Verpönten gehört. Die Briefzeugnisse aus jenen frühen Jahren indessen können dies trotz ihres gelegentlich ironischen Tons (so etwa, wenn von Thomas Manns »Haltung« die Rede ist) kaum bestätigen, und es finden sich in dieser Zeit sogar Zeichen unverhohlener Anerkennung.

Anfang April 1904 war Döblin, wohl um sich abseits von der Hektik Berlins ganz auf sein medizinisches Examen konzentrieren zu können, nach Freiburg i. Br. gegangen. Er studierte dort noch zwei Semester und spezialisierte sich in Neurologie und Psychiatrie. Am 10. Juli 1905 legte er die ärztliche Prüfung mit der Note ›gut‹ ab, promovierte im selben Monat bei Alfred Hoche mit einer Dissertation über »Gedächtnisstörungen bei der Korsakoffschen Psychose« und erhielt, von der sonst üblichen Ableistung des praktischen Jahres befreit, schon am 9. Aug. 1905 vom Großherzoglich Badischen Ministerium des Innern die Approbation. Die Doktorarbeit bliebt nicht Döblins einzige Veröffentlichung auf medizinischem Gebiet. In den Jahren 1908–1910 folgten in der ›Allgemeinen Zeitschrift für Psychiatrie‹ und im ›Archiv für Psychiatrie und Nervenkrankheiten‹ drei weitere Arbeiten aus dem psychiatrischen Bereich (am 1. Febr. 1908 hielt Döblin außerdem auf der 125. Sitzung des psychiatrischen Vereins zu Berlin den Vortrag »Ein Fall von Dämmerzuständen«) und seit 1909 eine Reihe Aufsätze zur inneren Medizin, der er sich 1908 zuwandte. Gleich nach dem Abschluß des Studiums hatte Döblin sich an einem Krankenhaus seiner Heimatstadt Stettin beworben, wurde aber, wie er annahm wegen seiner jüdischen Herkunft, abgewiesen und trat am 16. Nov. 1905 eine Stelle an der Kreis-Irrenanstalt Karthaus-Prüll bei Regensburg an. Nach einem schweren Zerwürfnis mit den dortigen Kollegen ging er dann am 8. Okt. 1906 bis 14. Juni 1908 auf zwei Jahre an die Anstalten in Berlin-Buch, wurde 1908 Assistenzarzt am Berliner Urban-Krankenhaus und eröffnete schließlich, nebenher noch auf einer Unfallwache am Tempelhofer Ufer tätig, im Oktober 1911 in der Blücherstraße 18 am Halleschen Tor eine neurologische Kassenpraxis.

Vermutlich während der zwischen Freiburg und Regensburg in Berlin verbrachten Sommermonate 1905 schrieb Döblin ein kleines Theaterstück, den Einakter »Lydia und Mäxchen«. Das Stück, in dem die vermeintlich nur fiktive Scheinwelt des Theaters, Personen und Bühnenversatzstücke, sich zur Rebellion gegen Autor und Regisseur erhebt, wurde nicht nur am 1. Dez. 1905 unter dem

Pseudonym Alfred Börne in Berlin vom ›Verein für Kunst‹ aufgeführt. Döblin ließ es überdies 1906 im Straßburger Verlag Josef Singer auf eigene Kosten drucken, so daß es seine erste, freilich ohne jeglichen Anklang gebliebene Publikation wurde. Daß der Epiker par excellence, welcher Döblin ohne Zweifel war, sein Debüt in der Öffentlichkeit mit einem Theaterstück machte, mag auf den ersten Blick befremden. Es wird allerdings verständlicher, wenn man das mit moderner Verfremdungstechnik experimentierende, das traditionelle Theater ad absurdum führende Stück bereits im Licht jenes späteren Postulats von der Episierung der Literatur betrachtet, das Döblin auch auf das Drama angewandt sehen wollte und das ihn für das Theater Ziele verfolgen ließ, die denen *Bertolt Brechts* durchaus parallel liefen. 1909/10 folgte mit »Comtess Mizzi« ein weiterer Einakter, der 1920 die Grundlage für die beiden Filmmanuskripte »Siddi« und »Die geweihten Töchter« abgeben sollte, Arbeiten, die Döblin, wie er selber mitteilt, zu seiner bloßen »Unterhaltung« schrieb, die aber seine von Anfang an bestehende Affinität gegenüber dem Medium des Films nachdrücklich unterstreichen.

Nur wenig später, in der Regensburger Zeit 1905/06, setzte Döblins erste theoretische Annäherung an die Kunst ein. Sie resultierte in einer an Bedeutung kaum zu überschätzenden, 1910 im ›Sturm‹ veröffentlichten umfangreichen Dialogschrift »Gespräche mit Kalypso. Über die Musik.« Zwar handelt es sich hier oberflächlich besehen zunächst um den Versuch einer in literarische Form gekleideten erkenntnistheoretischen Grundlegung der Musik, in der sich die überragende Rolle spiegelt, welche der Musik in Waldens Berliner Kreis zukam, sowie Döblins Bemühungen, unter der Leitung des Freundes *Kurt Neimann* in das Wesen der Kompositionen Wagners und Brahms' einzudringen. Da jedoch nach Döblins Ansicht »die Sprache den Weg vollendet, den die Kunst gehen mußte, da sie nicht verdoppeln konnte, den Weg von der Nachbildung über die Scheinbildung und Umbildung zum bloßen Zeichen« (›St.‹ 1, 1910, S. 119), die Musik somit für Döblin schon damals »Modellcharakter für die Literatur« besaß, hat diese Schrift unverkennbar exemplarische Bedeutung auch für Döblins literaturtheoretische Auffassungen zu jener Zeit. In der Erörterung des musikalischen Integrationsproblems, das er durch die Verwandlung des »Hintereinander des Zeitlichen in ein Nebeneinander« (ebd.) und durch das einende »Gesetz des Gegensatzes und der Mannigfaltigkeit« (ebd. S. 166) gelöst sah, sprach Döblin aus, was in einigen seiner eigenen Novellen (am deutlichsten in »Die Segelfahrt«) und in den Romanen der Spätzeit, sodann aber namentlich in der Technik des polyhistorischen Romans bei *Hermann Broch, Robert Musil* und *Thomas Mann* literarisch verwirklicht wurde. Daneben zeichnete sich in der Gegenüberstellung von geschlossener und offener musikalischer Form (Lied und Fuge gegenüber Sinfonie) schon klar Döblins Vorliebe für den freieren, assoziativen und wirklichkeitsnahen Schaffensprozeß ab, aus dem seine von ihm selbst mit »symphonischen Werken« verglichenen ersten großen Romane erwachsen sollten.

Die auf Regensburg folgenden Jahre brachten für Döblin erhebliche Erschütterungen und Veränderungen auf privater Ebene. In den Anstalten von Buch begegnete er 1907 der sehr viel jüngeren Krankenschwester *Frieda Kunke,* zu der sich eine enge Beziehung ergab. Döblin soll ernsthaft an eine eheliche Verbindung mit diesem aus einfachsten Verhältnissen stammenden nichtjüdischen Mädchen gedacht haben. Er stieß aber auf den für ihn schließlich immer noch entscheidenden Widerstand seiner Mutter und verließ Frieda, nachdem diese noch im Oktober 1911 einen Sohn, Bodo Kunke, von ihm zur Welt gebracht hatte. Frieda Kunke starb schon 1918 an Tuberkulose. In Döblin soll sich ein lange nachwirkendes, tiefes Schuldgefühl gegenüber ihr festgesetzt haben. Schon im Februar 1911 allerdings hatte er sich mit der ihm aus dem Urban-Krankenhaus bekannten, am 13. Febr. 1888 in Berlin geborenen Medizinstudentin *Erna Reiss,* der Tochter eines wohlhabenden Fabrikanten, verlobt. Am 23. Jan. 1912 heirateten sie, und am 27. Okt. 1912 wurde ihr erster Sohn Peter geboren. Die Ehe mit dieser praktisch veranlagten, von R. Minder als »reinkarnierter Muttertyp« bezeichneten Frau war von Anfang an mit schwersten Koknflikten belastet, dauerte aber bis an Döblins Lebensende. Das Schreckensbild des eigenen Vaters auf seiten Döblins und die feste Entschlossenheit Ernas, den Gatten nicht freizugeben, verhinderten mehrmals eine endgültige Trennung. Die Jahre 1911/12 empfand Döblin als tiefe Krise, in der er durch Familiengründung und berufliche Veränderung in die Kassenpraxis seine bisherige Ungebundenheit verlorengehen sah.

Als *H. Walden* März 1910 die Herausgabe seiner neugegründeten expressionistischen Zeitschrift ›Der Sturm‹ begann, gehörte Döblin sogleich zu den engsten Mitarbeitern und regelmäßigsten Beiträgern und blieb es, wenngleich seit 1913 in viel geringerem Maße, bis 1915. Er war Mitunterzeichner einer in der ersten Nummer abgedruckten ›Erklärung‹, in welcher die Hintergründe von Waldens Ausscheiden als Chefredakteur der Zeitschrift ›Das Theater‹ aufgezeigt wurden, und veröffentlichte in der Folge in 70 von insgesamt 135 Nummern (Doppelnummern einfach gezählt) der ersten drei Jahrgänge 39 verschiedene Beiträge (unberücksichtigt dabei die schwer exakt zu ermittelnde Zahl der unter dem auch von Walden verwandten Pseudonym ›Trust‹ erschienenen Artikel). Solche Publikationsfreudigkeit ist allerdings kein getreues Spiegelbild von Döblins tatsächlicher literarischer Produktivität jener Zeit.

Er überließ Walden die allein schon in 35 Nummern veröffentlichten umfangreicheren älteren Arbeiten »Gespräche mit Kalypso« und »Der schwarze Vorhang«; auch die 1910/11 im ›Sturm‹ gedruckten Erzählungen waren teilweise schon Jahre zuvor entstanden. Ein ganz anderer Aspekt von Döblins Schriftstellerei wird in den übrigen, zumeist in der Zeit ihrer Veröffentlichung niedergeschriebenen Beiträgen sichtbar. Sie greifen den Ton auf, wie er schon in den Zeitschriften ›Der Morgen‹, ›Der neue Weg‹ und ›Das Theater‹ angeschlagen wurde (zu nennen ist hier – im Hinblick auf Döblins immer großes, vielleicht durch Dostojewskis »Raskolnikov« angeregtes Interesse für Kriminalfälle – die tiefenpsychologische Kommentierung eines Pariser Mordfalles in dem Artikel »Die Witwe Steinheil«; ferner das aus sozialpsychologischen Erwägungen heraus gehaltene Plädoyer für »Schundliteratur« und »Kintopp« in dem Beitrag »Das Theater der kleinen Leute«) und zeigen Döblin als gewandten, witzigen, häufig provozierenden Journalisten mit weit gefächertem Interessenfeld. Neben Buch-, Theater- und Musikrezensionen, von denen die beiden sehr anerkennenden über »Arnold Schönberg« und einen »Einakter von Strindberg« hervorgehoben seien, stehen z. B. Auseinandersetzungen zum Problem der Sexualität (»Über Jungfräulichkeit«, »Jungfräulichkeit und Prostitution«) und Geburtenregelung (unter dem Rundfragetitel »Mehr Kinder«). Als Zeichen der Aufgeschlossenheit gegenüber den kulturellen, sozialen und später auch politischen Tagesfragen sowie als willkommener Nebenverdienst blieb dieser in seiner Qualität sehr unterschiedliche Journalismus von hier an fester Bestandteil in Döblins Werk.

Im November 1912 (vordatiert auf 1913) kamen die zuvor im ›Sturm‹ erschienenen zehn Erzählungen zusammen mit zwei weiteren als Sammelband unter dem Titel »Die Ermordung einer Butterblume« heraus. Die Sammlung machte Döblin erstmals einer breiteren Öffentlichkeit bekannt und begründete seinen Ruf als einer der wichtigsten Vertreter der expressionistischen Novellistik.

Für die Datierung der innerhalb fast eines Jahrzehnts geschriebenen zwölf Erzählungen ergeben sich im einzelnen nur wenige Anhaltspunkte: aufgrund überzeugender stilistischer Kriterien ordnet L. Kreutzer »Die Memoiren des Blasierten« der frühesten Schaffensperiode nur kurz nach »Der schwarze Vorhang« zu; »Astralia« und »Das Stiftsfräulein und der Tod« sind durch Manuskriptvermerke auf Oktober 1904 bzw. Frühjahr 1905 datiert; die Titelerzählung könnte ebenfalls in der Freiburger Zeit 1904/05 entstanden sein; »Die Segelfahrt« ist wegen lokaler Details nach einer kurzen Belgienreise Döblins zur Weltausstellung in Brüssel und nach Oostende im Juli 1910 anzusetzen und »Die Verwandlung« erst seit der Bekanntschaft mit Erna Reiss denkbar. Eine durchaus inhaltliche Indikation darf man darin erblicken, daß sich mit Georg Müller (vorher hatte Döblin sich bei Rütten & Loening vergeblich bemüht) jener Verlag der Erzählungen annahm, der damals in Deutschland als Förderer der älteren wie neueren Schauerliteratur auftrat und u. a. die Herausgabe der Werke von E. T. A. Hoffmann, E. A. Poe, H. H. Ewers und A. Kubin besorgte.

Hoffmann und *Poe* wurden denn auch die am häufigsten bemühten Vergleichsgrößen der Kritik, die in Döblin »einen neuen Dichter« (M. Jungnickel, J. Adler) begrüßte und sich in seinen Erzählungen »die Umwandlung vom Impressionismus zum Expressionismus« (K. Pinthus) vollziehen sah. Trotz der inhaltlichen und formalen Verschiedenheit der einzelnen Erzählungen, von denen in Wirklichkeit nur die wenigsten als Pionierleistung des Expressionismus gelten können, lassen sich einige allgemeine Kennzeichen ablesen: die alle erklärende Psychologie in sinnlich Wahrnehmbares verwandelnde, forciert antirationalistische Position; die Durchbrechung der Wirklichkeitsordnung und die spielerische Vermischung der Bereiche; die Zerstörung der Einheit der Person und die sich daraus ergebende Unfähigkeit der gestalteten Menschen, frei über sich selbst zu verfügen; die Aufhebung des entfremdeten Ich im Anonymen, das z. B. in den Bildern von Wald (Titelerz.) und Wasser (»Die Segelfahrt«, »Die Verwandlung«, »Ritter Blaubart«) poetisch greifbar wird. Zu Recht fand die Titelerzählung des Bandes die stärkste Beachtung. In ihr sind Döblins psychiatrische Studien stilbildend wirksam geworden und stellt sich das irrationale Natursein des Menschen als Sonderbereich des psychisch Unbewußten konkret dar. Psychopathologie und Literatur sind dort eine bis dahin nur in Georg Büchners »Lenz« bereits angezeigte Verbindung eingegangen, die Döblin fortan nicht mehr aufgab.

Überblickt man die Jahre 1900–1912, so läßt sich zusammenfassend sagen, daß sie vornehmlich im Zeichen der Medizin standen und die Literatur an zweiter Stelle rangierte. Was entstand, war trotz einer Vielzahl von Titeln, gemessen jedenfalls an der Produktivität der folgenden Jahre, von nur bescheidenem Umfang.

Zur Biographie

Selbstzeugnisse: Autobiographische Skizze, in: AW 19, S. 20–21; Arzt und Dichter, in: AW 8, S. 361–363, ebenso in: AW 19, S. 25–27; Epilog, in:

AW 8, S. 385–386, ebenso in: AW 19, S. 440–441; Ich prüfe und befrage
mich (aus: »Schicksalsreise«), in: AW 19, S. 205–215; Journal 1952/53, in:
AW 19, S. 465–472; Brief an H. Walden (1906), in: AW 13, S. 43–44; Brief
an F. Brümmer (10. 10. 1917), in: AW 13, S. 100–101.

Literatur: *Graber, H.*, in: Nachw. AW 13, S. 663–667; *Huguet 1*, Bd 1,
S. 44–55, 209–211; *Huguet 2*, S. 13–17; *Huguet 3*, S. 33–51; *Links*,
S. 16–36; Katalog *Meyer*, S. 12–17, 75–103; *Minder 1*, S. 162–163; *Minder 4*, S. 468–469, 481–483; *Schröter 2*, S. 38–53; *Weyembergh-Boussart*,
S. 19–22.

Literarische Tätigkeit 1900–1912

Erzählende Prosa:

»Jagende Rosse«. – Handschrift: Ms. u. Abschr. v. Erna Döblin, SNM. –
Druck: zu Lebzeiten ungedruckt, erstmals in: AW 20, S. 26–83. Selbstzeugnisse: Stille Bewohner des Rollschranks, in: BT v. 19. 6. 1927, ebenso
in: AW 8, S. 356–358; Erster Rückblick, in: AW 19, S. 50–51. – Literatur:
Kreutzer, S. 22–24; *Ribbat*, S. 10–12; *Riley, A.*, in: Nachw. AW 20,
S. 228–230, 292–300.
»Adonis«. – Handschrift: Entwurf im Kollegheft v. Sommersemester Berlin
1901, Reinschrift datiert auf Anfang Sept. 1901, überarbeitete Fassung
1901/02, SNM. – Druck: zu Lebzeiten ungedruckt, erstmals in: AW 20,
S. 84–101. – Literatur: *Kreutzer*, S. 22–24; *Riley, A.*, in: Nachw. AW 20,
S. 239–242, 301–305.
»Erwachen«. – Handschrift: drei Ms. v. 1901, SNM. – Druck: Voss. Ztg. v.
7. 1. 1923, ebenso in: AW 20, S. 102–106. – Literatur: *Kreutzer*, S. 22–24;
Riley, A., in: Nachw. AW 20, S. 239–242, 301–305.
»Der schwarze Vorhang«. Roman von den Worten und Zufällen. – Entstehung: Berlin 1902/03. – Handschrift: Ms. u. Abschr. v. Erna Döblin,
SNM. – Druck: St. 2/3 (1912), Nr 98–117/18; ebenso: S. Fischer Verlag,
Berlin 1919; ebenso in: AW 20, S. 107–205. – Selbstzeugnisse: Brief an
F. Mauthner (24. 10. 1903), in: AW 13, S. 21; Briefe an A. Juncker (9. 4.
1904, 5. 5. 1904), in: AW 13, S. 22–24. – Literatur: *Huguet 2*, S. 99–159;
Keller, S. 13–58; *Kort*, S. 23–26; *Kreutzer*, S. 25–28; *Links*, S. 18–20;
Michaelis, H., in: LE 22 (1919/20), Sp. 688–689; *Müller-Salget*, S. 47–53,
Ribbat, S. 13–27; *Riley, A.*, in: Nachw. AW 20, S. 252–256, 306–325;
Rilke, R. M. (Gutachten über den Roman für den Verlag Axel Juncker), in:
Katalog Meyer, S. 84; *Schröter 1*, S. 71–75; *Strecker, K.*, in: Velhagen u.
Klasings Monatshefte 35 (1920/21), Bd 2, S. 427; *Weyembergh-Boussart*,
S. 23–29.
»Die Ermordung einer Butterblume und andere Erzählungen.« Sammelband
der im folgenden einzeln in der Reihenfolge ihrer ersten Veröffentlichung
verzeichneten 12 Erz. – Entstehung: Freiburg i. Br., Berlin, etwa
1903–1911. – Handschrift: Ms. (mit Ausnahme der Erz. »Die Helferin« u.
»Die Verwandlung«), Entwürfe einiger Erz., SNM. – Druck: Verlag

Georg Müller, München u. Leipzig 1913; ebenso in: AW 6, S. 9–95. –
Selbstzeugnisse: Epilog, in: AW 8, S. 386, ebenso in: AW 19, S. 441;
Briefe an M. Buber (27. 12. 1911, 17. 1. 1912, 24. 1. 1912), in: AW 13,
S. 56–57. – Literatur allgemein: *Adler, J.:* Ein Buch von D., in: St. 4
(1913), S. 71; *Anonym* (wohl ebenfalls *J. Adler*): Ein neuer Dichter, in: BT
v. 12. 12. 1911; *Anz, Th.:* Die Problematik des Autonomiebegriffs in
A. D.s frühen Erzählungen, in: WW 24 (1974), S. 388–402; *Gregor-
Dellin, M.:* Beispiele von Döblinismus, in: Deutsche Ztg. v. 18. 5. 1963;
Hohoff, C.: Quer durch D.s Prosa, in: Süddt. Ztg. v. 12./13. 1. 1963;
Jungnickel, M., in: Bühnen Roland v. 21. 11. 1912; *Liede,* S. 1–3, 29–63;
Links, S. 20–26; *Minder 1,* S. 163–164; *Müller-Salget,* S. 58–61; *Muschg,
W.:* Nachw. AW 6 (1962), S. 421–434; *Pinthus, K.,* in: Ztschr. für Bücher-
freunde N.F. 5 (1913) Bd 1, H. 2, S. 67, ähnlich in: Leipziger Tageblatt v.
3. 4. 1913, wiederabgedruckt in: K. P.: Der Zeitgenosse. Literarische
Porträts und Kritiken, 1971 (Marbacher Schriften 4), S. 108–109; *Ribbat,*
S. 29–33; *Stegemann,* S. 164–198.
»Das Stiftsfräulein und der Tod«, in: Das Magazin 77 (1908), H. 4, S. 52–54,
ebenso in: Lyrische Flugblätter, Verlag A. R. Meyer, Berlin 1913 (mit
Holzschnitten v. E. L. Kirchner), ebenso in: AW 6, S. 14–17. – Literatur:
Huguet 2, S. 284–288; *Kimber,* S. 152–159; *Kobel,* S. 7–21; *Müller-Salget,*
S. 71–72; *Ribbat,* S. 48–51; *Stegemann,* S. 97–101.
»Die Tänzerin und der Leib«, in: St. 1 (1910), S. 10, ebenso in: AW 6,
S. 18–21. – Literatur: *Huguet 2,* S. 238–245; *Kimber,* S. 116–126, *Kobel,*
S. 22–34; *Müller-Salget,* S. 97–100; *Stegemann,* S. 77–88.
»Die Ermordung eine Butterblume«, in: St. 1 (1910), S. 220–221, 229,
ebenso in: AW 6, S. 22–32. – Literatur: *Duytschaever, J.:* Eine Pionierlei-
stung des Expressionismus: A. D.s Erz. »Die Ermordung einer Butter-
blume«, in: ABnG 2 (1973), S. 27–43; *Elshorst,* S. 143–145; *Huguet 2,*
S. 352–363; *Jens,* S. 8–9; *Kimber,* S. 107–116; *Kobel,* S. 47–77; *Kreutzer,*
S. 31–35; *Liede,* S. 4–29; *Links,* S. 22–24; *Müller-Salget,* S. 74–79; *Rib-
bat,* S. 54–60; *Schmidt-Henkel,* S. 160–163; *Stegemann,* S. 103–128;
Wendler, W.: Carl Sternheim. Weltvorstellung und Kunstprinzipien,
1966, S. 257–258; *Zimmermann, W.:* A. D. Die Ermordung einer Butter-
blume, in: W. Z., Deutsche Prosadichtungen unseres Jahrhunderts, Bd 1,
1966, S. 177–188.
»Astralia«, in: St. 1 (1910), S. 244, ebenso in: AW 6, S. 9–13. – Literatur:
Huguet 2, S. 371–374; *Kobel,* S. 35–46; *Müller-Salget,* S. 81–82; *Ribbat,*
S. 60–62; *Stegemann,* S. 101–103.
»Die falsche Tür«, in: St. 1 (1911), S. 429–430, ebenso in: AW 6, S. 33–39. –
Literatur: *Huguet 2,* S. 363–371; *Stegemann,* S. 152–155.
»Die Helferin«, in: St. 2 (1911), S. 493–494, ebenso in: AW 6, S. 40–46. –
Literatur: *Huguet 2,* S. 288–296; *Kimber,* S. 159–164; *Ribbat,* S. 67–69;
Stegemann, S. 129–134.
»Die Segelfahrt«, in: St. 2 (1911), S. 549–550, ebenso in: A. D., Blaubart und
Miss Ilsebill, 1923, S. 73–87, ebenso in: AW 6, S. 47–54. – Literatur:
Huguet 2, S. 297–321; *Kimber,* S. 141–152; *Kobel,* S. 78–94; *Minder 4;
Müller-Salget,* S. 66–70; *Ribbat,* S. 37–40; *Schmidt-Henkel,* S. 157–160;
Stegemann, S. 29–76.

»Die Verwandlung« (Erna Reiss gewidmet), in: St. 2 (1911), S. 581–583, ebenso in: AW 6, S. 58–65. – Literatur: *Huguet 2*, S. 321–336; *Ribbat*, S. 33–37; *Stegemann*, S. 155–163.

»Der Dritte«, in: St. 2 (1911), S. 613–614, 621–622, ebenso in: AW 6, S. 66–75. – Literatur: *Huguet 2*, S. 191–202; *Müller-Salget*, S. 72–73; *Ribbat*, S. 62–64; *Stegemann*, S. 142–147.

»Der Ritter Blaubart«, in: St. 2 (1911), S. 676–677, 683–685, ebenso in: A. D., Blaubart und Miss Ilsebill, 1923, S. 53–72, ebenso in: AW 6, S. 76–86. – Literatur: *Huguet 2*, S. 245–259; *Kanzog, K.:* A. D. und die Anfänge des expressionistischen Prosastils. Zur Textkritik des Ritter Blaubart, in: Jb. der dt. Schillergesellschaft 17 (1973), S. 63–83; *Ribbat*, S. 40–47; *Stegemann*, S. 134–142.

»Mariä Empfängnis«, in: St. 2 (1911), S. 700, ebenso in: Die schöne Rarität 1 (1917), S. 109–114 (mit Zeichnungen v. G. Tappert), ebenso in: AW 6, S. 55–57. – Literatur: *Huguet 2*, S. 259–263; *Ribbat*, S. 47–48; *Stegemann*, S. 88–96.

»Die Memoiren des Blasierten«, erstmals im Sammelband von 1913, ebenso in: AW 6, S. 87–95. – Literatur: *Kreutzer*, S. 22, 26–28; *Ribbat*, S. 64–67; *Stegemann*, S. 147–151.

Drama:

»Lydia und Mäxchen«. Tiefe Verbeugung in einem Akt. – Entstehung: Berlin, Sommer 1905. – Handschrift: Ms. u. weitere Entw., SNM. – Uraufführung: 1. 12. 1905 v. Verein für Kunst im Saal der Gesellschaft der Freunde, Berlin. – Druck: Verlag Josef Singer, Straßburg u. Leipzig 1906, ebenso in: AW 22, S. 9–31. – Selbstzeugnisse: Epilog, in: AW 8, S. 385–386 bzw. AW 19, S. 441; Briefe an H. Walden (22. 11. 1905, 2. 12. 1905, 8. 1. 1906, 15. 1. 1906, 31. 1. 1906, 1. 5. 1906), in: AW 13, S. 32–41. – Literatur: *Denkler, H.:* Drama des Expressionismus, 1967, S. 38–42; *Duytschaever, J.:* A. D.s Lydia und Mäxchen als Theaterparodie, in: Festschr. für Norbert Fuerst, 1973, S. 49–57; *Elshorst*, S. 145–146; *Franck, H.*, in: LE 23 (1920/21), Sp. 1261–1262; *Huguet 2*, S. 69–101; *Kimber*, S. 102–107; *Kleinschmidt, E.*, in: Nachw. AW 22, S. 585–593; Ders.: Gegenkunst und Naturismus. Zu A. D.s Einaktern Lydia und Mäxchen und Lusitania, in: Mitteilungen des deutschen Germanistenverbandes 30 (1983), S. 29–36; Ders.: Der Einakter als Gegenkunst – A. D.s frühe Dramatik, in: Universitas (1983), Nr 38, S. 485–492; M. J. (wohl *M. Jacobs*), in: Der Tag v. 2. 12. 1905; *Müller-Salget*, S. 53–58; *Ribbat*, S. 27–28; *Weyembergh-Boussart*, S. 20, 28.

»Comtess Mizzi«. Spiel in einem Aufzug. Entstehung: Berlin, 1909/10. – Handschrift: Entwurf SNM, Ms. Claude Doblin (Kopie SNM). – Druck: zu Lebzeiten ungedruckt; erstmals in: AW 22, S. 32–61. – Literatur: *Kleinschmidt, E.*, in: Nachw. AW 22, S. 593–601.

Essays zur Philosophie und Kunst:

»Der Wille zur Macht als Erkenntnis bei Friedrich Nietzsche«, (Ms. datiert auf 8. 10. 1902), SNM, erstmals in: Nietzsche und die deutsche Literatur I. Texte zur Nietzsche-Rezeption 1873–1963, hrsg. v. B. Hillebrand, 1978, S. 315–330, ebenso in: AW 23, S. 13–29.

»Zu Nietzsches Morallehren«, (Ms. datiert auf 16. 3. 1903), SNM, erstmals in: Nietzsche und die deutsche Literatur I. Texte zur Nietzsche-Rezeption 1873–1963, hrsg. v. B. Hillebrand, 1978, S. 331–358, ebenso in: AW 23, S. 29–55.

»Qualität und Kausalität«, erstmals in: AW 23, S. 55–57.

»Gespräche mit Kalypso. Über die Musik«, in: St. 1 (1910), Nr 5–23, selbständiger Druck erstmals 1980. – Literatur: *Huguet 2*, S. 103–119; *Keller*, S. 44–58; *Minder 4*, S. 461–462, 468, 473–476; *Ribbat*, S. 93–96; *Veit*, S. 340–359.

»Vom Musiker. Ein Dialog mit Kalypso«, in: Melos 1 (1920),S. 38–41.

»Bemerkungen eines musikalischen Laien«, in: Melos 1 (1920), S. 95–96, ebenso in: AW 23, S. 263–266.

»Die Selbstherrlichkeit des Wortes«, in: Melos 1 (1920), S. 227–230, ebenso in: AW 23, S. 267–273.

Rezensionen:

Der Mitmensch, in: Das Theater 1 (1909/10), S. 55–56, ebenso in: AW 23, S. 63–66; Hansi Niese, in: Das Theater 1 (1909/10), S. 83, ebenso in: AW 23, S. 67–68; Gyges und sein Ring, in: Das Theater 1 (1909/10), S. 134, ebenso in: AW 23, S. 68–70; Die Engländer, in: Das Theater 1 (1909/10), S. 177, ebenso in: AW 23, S. 70; Strandkinder, in: Das Theater 1 (1909/10), S. 202, ebenso in: AW 23, S. 73–75; Der Graf von Luxemburg, in: Das Theater 1 (1909/10), S. 203, ebenso in: AW 23, S. 75–76; Zwei Liederabende, in: St. 2 (1911), S. 455, ebenso in: AW 23, S. 100–102; Pantomime. Die vier Toten der Fiametta, in: St. 2 (1911), S. 531–532, ebenso in: AW 23, S. 103–107; Gertrude Barrison, in: St. 2 (1911), S. 646, ebenso in: AW 23, S. 108; Tubutsch, in: St. 2 (1912), S. 751, ebenso in: AW 23, S. 108–109; Einakter von Strindberg, in: St. 3 (1912), S. 170–171, ebenso in: AW 23, S. 130–132; Arnold Schönberg, in: St. 3 (1912), S. 187, ebenso in: AW 23, S. 132–134; Gabriel Schillings Flucht in die Öffentlichkeit, in: St. 3 (1912), S. 207, ebenso in: AW 23, S. 135–137.

Kleinere Schriften vermischten Inhalts:

Die Witwe Steinheil, in: Der Morgen 2 (1908), S. 1711–1712, ebenso in: AW 23, S. 57–61; Das Recht auf Rhetorik, in: Der neue Weg 38 (1909), S. 560, ebenso in: AW 23, S. 62–63; Das Theater der kleinen Leute, in: Das Theater 1 (1909/10), S. 191–192, ebenso in: AW 23, S. 71–73; Das märki-

sche Ninive, in: St. 1 (1910), S. 5 bzw. 13 (Fehler in der Paginierung),
ebenso in: AW 23, S. 77–78; Menagerie Richard Strauss, in: St. 1 (1910),
S. 22, ebenso in: AW 23, S. 78–90; Schaufensterbelustigung, in: St. 1
(1910), S. 22; Zirkuspantomime, in: St. 1 (1910), S. 30, ebenso in: AW 23,
S. 80–81; Christentum mit Posaunen, in: St. 1 (1910), S. 45, ebenso in:
AW 23, S. 81–82; Herr Fritz Mauthner, in: St. 1 (1910), S. 62, ebenso in:
AW 23, S. 82–83; Das Temperament in der Isolierzelle, in: St. 1 (1910),
S. 93–94, ebenso in: AW 23, S. 84–85; Antikritisches, in: St. 1 (1910),
S. 279–280, ebenso in: AW 23, S. 85–88; Berliner Theater, in: St. 1 (1910),
S. 287–288, ebenso in: AW 23, S. 88–90; Konzerte, in: St. 1 (1910),
S. 312, ebenso in: AW 23, S. 91–92; Musik nebst Schimpfworten, in: St. 1
(1911), S. 407–408, ebenso in : AW 23, S. 93–94; Der Rosenkavalier. eine
Vorbemerkung, in: St. 1 (1911), S. 422–423, ebenso in: AW 23, S. 94–98;
Mehr Kinder [Rundfrageantwort], in: St. 2 (1911), S. 452, 468 (Reaktion
auf die Antwort Eduard Bernsteins), ebenso in: AW 23, S. 98–100;
Gemütliches, in: St. 2 (1912), S. 758, ebenso in: AW 23, S. 109–112; Über
Jungfräulichkeit, in: St. 3 (1912), S. 121–122, ebenso in: AW 23, S.
117–120; Jungfräulichkeit und Prostitution, in: St. 3 (1912), S. 141–142,
152, ebenso in: AW 23, S. 121–128; Tänzerinnen, in: St. 3 (1912), S. 162,
ebenso in: AW 23, S. 128–130.

3. Vom »Wang-lun« zu »Berge Meere und Giganten« (1912–1924)

In der persönlichen Krise der Jahre 1911/12 fand Döblin zu einer
neuen, von ihm mit einem »Dammbruch« verglichenen literarischen
Produktivität. Diese Phase ist durch die Hinwendung zur epischen
Großform gekennzeichnet, obwohl Döblin auch in und neben seinen umfangreichen Romanen nie aufhörte, der Autor der kleinen
erzählenden Prosa zu sein, als der er sich im ›Sturm‹ vorgestellt
hatte.

Am 17. Jan. 1912 erwähnte Döblin in einem Brief an *Martin
Buber* erstmals die Arbeit an den ersten Stücken eines zweiten
Novellenbandes, der später den Titel »Die Lobensteiner reisen nach
Böhmen« erhielt, sodann aber vor allem die Fundierung eines
Romans, der sich im weiteren Verlauf der Korrespondenz mit Buber
als »Die drei Sprünge des Wang-lun« entpuppte. Nach einer allerdings nicht verifizierbaren Mitteilung soll eine aktuelle Zeitungsno-
tiz über einen Aufstand chinesischer Goldwäscher an der Lena und
deren Niederwerfung durch zaristische Truppen den ersten Anstoß
zu dem Werk gegeben haben. Solche »Geburtshilfe«, wie Döblin die
Auslösung bereits latent in ihm vorhandener Grundgefühle durch

einen äußeren Anlaß nannte, wäre bei ihm immerhin kein Einzelfall und stimmte ganz zu der hohen Aufnahmebereitschaft des Dichters gegenüber Einflüssen aus Film, Funk, Presse und jeglicher Art Literatur. Auch ein zwischen den Vorarbeiten zu dem Roman abgelegter Ausschnitt aus der ›Deutschen Zeitung‹ vom 1. Aug. 1912 mit der Überschrift »Der Aufstand in Assyr im Jahre 1911« weist auf eine offenbar noch während der Niederschrift nicht aufgegebene zeitkritische Absicht Döblins hin. Unter dem Einfluß der Beschäftigung mit der taoistischen Philosophie aber verschob sich Döblins stoffliches Interesse in das China des 18. Jhs. Er stellte die historisch belegte Wu-wei-Sekte, die 1774 zusammen mit ihrem Führer Wanglun von kaiserlichen Truppen vernichtet wurde, in das Zentrum des Werkes und konzentrierte dessen Problematik auf die Frage des menschlichen Handelns oder Nichthandelns in der realen Welt. Die Affinität zum Taoismus war im Deutschland der Jahrhundertwende allgemein und gehört in den Rahmen des lebensphilosophischen Empfindens jener Zeit. 1910 war Martin Bubers Übersetzung der »Reden und Gleichnisse des Tschuang-Tse« mit einem Nachwort über »Die Lehre des Tao« erschienen, gleichfalls 1910 Wilhelm Grubes »Religion und Kultur der Chinesen«, 1911 »Das wahre Buch vom quellenden Urgrund des Liä Dsi« (dem Liä Dsi ist der »Wang-lun« zugeeignet) in der Übersetzung Richard Wilhelms. Diese und viele andere Werke, die Döblin (er wandte sich auf der Suche nach immer weiterer Fachliteratur auch an *Albert Ehrenstein* und wiederholt an Martin Buber) sorgfältig exzerpierte und zu einer umfangreichen Materialsammlung anlegte, begründeten seine chinesische »Milieusicherheit« und genaue Kenntnis der taoistischen Klassiker *Laotse, Tschuang-Tse, Liä Dsi* und *Kungtse.* Zahlreiche Passagen aus den benutzten Büchern übernahm er – was auch in der Folge für sein nicht auf sachlichem Interesse, sondern auf geistiger Resonanz basierenden Verhältnis zu Quellen charakteristisch blieb – fast wörtlich in den »Wang-lun« (so etwa aus Wilhelm Grubes Tschuang-Tse-Übersetzung die für das gesamte Buch beispielhaften Wert besitzende Fabel vom Mann, der seinem Schatten zu entrinnen sucht).

Nicht unwichtig für die Entstehung des »Wang-lun« könnten ferner die politischen Ereignisse in China zu Beginn des Jahres 1912 gewesen sein. Am 12. Febr. 1912 wurde die Abdankung des letzten Mandschukaisers verkündet, mit der Chinas Umgestaltung zur Republik einsetzte, ein Ereignis, über das der notorische Zeitungsleser Döblin informiert sein mußte und das ihm womöglich zusäzlichen Anreiz gab, die Verhältnisse im China der Mandschus darzustellen.

Im Juli 1912 begann Döblin die zusammenhängende Niederschrift des »Wang-lun«. In den folgenden zehn Monaten (wohl nicht
acht, wie er selbst erwähnt) bis Mai 1913 stellte er in einer gewalti-
gen, rauschhaften Kraftanstrengung das gesamte etwa 2000 Blätter
umfassende Manuskript fertig, das danach für den Druck offenbar
nur noch unwesentliche, hauptsächlich wohl auf Vorschläge Martin
Bubers zurückgehende Korrekturen erfuhr. Von Bedeutung ist
allerdings die angeblich ebenfalls von Buber veranlaßte Unterdrük-
kung des ursprünglichen Einleitungskapitels im Druck. Dieses nicht
nur in der Erstausgabe, sondern auch in allen späteren Nachdrucken
fehlende und erst 1921 in der Zeitschrift ›Genius‹ unter dem Titel
»Der Überfall auf Chao-Lao-Sü« isoliert veröffentlichte Kapitel
zeigt, daß der Roman zunächst tatsächlich in weit höherem Grade
auf eine konkret fixierte politische Situation hin angelegt war als die
Druckfassung, welche ganz auf die dichterische Vergegenwärtigung
des Lebens als eines alles umfassenden, ahistorischen Kontinuums
abzielt, vermuten läßt.

Noch im Oktober 1912 hatte Döblin an Buber geschrieben, der
Roman würde im Frühjahr 1913, wie zuvor der Novellenband, im
Verlag Georg Müller erscheinen. Solche Hoffnung erwies sich
indessen als illusorisch. Das Manuskript wanderte ein Jahr lang von
Verleger zu Verleger. Auch *Kurt Wolff*, dem Döblin das Buch im
Dezember 1913 anbot, wies es mit der Begründung ab, er lege Wert
darauf, daß ein Autor, der bei ihm erscheinen wolle, aus Sympathie
für seinen Verlag zu allererst zu ihm komme. Anfang 1914 nahm
Döblin dann zum Berliner S. Fischer Verlag Kontakte auf, die, wie
ein Brief Döblins vom 2. April 1914 an *Moritz Heimann* vermuten
läßt, Ende März von Erfolg gekrönt wurden. Damit war eine folgenreiche Liaison zustande gekommen, die trotz des später wegen
pekuniärer und auch literarischer Differenzen nicht immer unge-
trübten Verhältnisses zu *Samuel Fischer* dahin führte, daß mit unbedeutenden Ausnahmen alle Bücher Döblins bis zum Jahre 1933 in
diesem Verlag erscheinen konnten und die ›Neue Rundschau‹ in den
folgenden Jahren die von Döblin am regelmäßigsten mit publizisti-
schen Beiträgen versehene Zeitschrift wurde. Nach einer weiteren
Verzögerung durch die Wirren des Kriegsausbruchs 1914 gelangte
der »Wang-lun« endlich im März 1916 (Rückdatierung auf 1915) zur
Auslieferung. Er wurde ein erheblicher literarischer und ein, wenn
auch bescheidener, verlegerischer Erfolg, für den Döblin noch im
gleichen Jahr von *Erik Ernst Schwabach* der mit 600 Mark dotierte
Fontane-Preis zuerkannt wurde. Daß Döblin, wie gelegentlich
erwähnt, auch den Kleist-Preis erhalten hätte, beruht dagegen auf
einem Irrtum: als Vertrauensmann der Kleist-Stiftung vergab er den

Kleist-Preis 1923 an *Robert Musil* und *Wilhelm Lehmann*. Bereits kurz vor und während der Niederschrift des »Wang-lun« kam Döblin mit dem italienischen Futurismus in Berührung. Die Wirkung dieser Bewegung auf Döblin war außerordentlich gebrochen, da sie ihn dem komplizierten Konflikt zwischen uneingeschränkter Zustimmung und künstlerischer Selbstbehauptung aussetzte. Im März 1912 veröffentlichte der ›Sturm‹ das Manifest der futuristischen Maler und *F. T. Marinettis* erstes Manifest des Futurismus; im April folgte das zweite Manifest des Futurismus, und vom 12. April bis 16. Mai 1912 stellten die Futuristen in der Gemäldegalerie des ›Sturm‹ ihre vorher schon in Paris und London gezeigten Bilder aus. Döblin, der damals sowohl Marinetti als auch *Umberto Boccioni* persönlich begegnete, verfaßte daraufhin eine im Mai 1912 ebenfalls im ›Sturm‹ erschienene Besprechung der Futuristenausstellung unter dem Titel »Die Bilder der Futuristen«, worin er sich begeistert über die subjektive Beseeltheit und den Bekennermut dieser Kunst aussprach und den Futurismus »einen großen Schritt« und »Befreiungsakt« nannte, dem er ein »deutliches Ja« gebe (AW 23, S. 117). Als Marinetti dann im Oktober 1912 sein technisches Manifest der futuristischen Literatur und im März 1913 das Supplement zu diesem mit konkreten Textbeispielen im ›Sturm‹ veröffentlichte, schrieb Döblin ihm seinen offenen Brief »Futuristische Worttechnik«, der den Eindruck erweckt, als habe er nun eine radikale Abkehr vom Futurismus vollzogen. Er warf Marinetti unnaturalistischen, abstrakten Ästhetizismus, die Unassoziierbarkeit seiner »Worte in Freiheit«, »die Katastrophe der fehlenden Interpunktion und der fehlenden Syntax« (AW 8, S. 13), vor allem aber den usurpatorischen Anspruch seiner futuristischen Programmkunst vor und endete mit der Empfehlung: »Pflegen Sie Ihren Futurismus. Ich pflege meinen Döblinismus« (AW 8, S. 15).

Solche schroffe Distanzierung darf einerseits nicht über die dennoch vom »Wang-lun« bis zu »Berge Meere und Giganten« deutlich erkennbare formale und thematische Beeinflussung Döblins durch den Futurismus hinwegtäuschen. Sie war andererseits durchaus ernst gemeint, führte dazu, daß Döblin nach dem Erscheinen des »Wang-lun« von den ›Sturm‹-Künstlern ignoriert wurde (während man in der gleichen Zeit August Stramm als konsequenten futuristischen Expressionisten auf den Schild hob), und leitete eine von nun an Hand in Hand mit der dichterischen Praxis gehende Besinnung auf die eigene literaturtheoretische Position ein, die genau gleichzeitig mit der Vollendung des »Wang-lun« ihren ersten Niederschlag in der als »Berliner Programm« bezeichneten kleinen Schrift »An Romanautoren und ihre Kritiker« fand. Diese Schrift, welche die in einigen früheren Novellen angedeuteten und im »Wang-lun« verwirklichten Tendenzen zusammenfaßt, fordert die »Wiedergeburt« des Romans »als Kunstwerk und modernes Epos« (AW 8, S. 19). Der Weg hierzu sei die Eliminierung des Rationalismus, Psychologismus, Erotismus und alles Persönlichen sowie die Hinwendung zur anonymen Darstellung der kollektiven, vieldimensionalen Natur in ihren durch »Tatsachenphantasie« eingegebenen, sinnlich wahrnehmbaren Erscheinungsformen. In nuce trug Döblin hier bereits die gesamte Theorie des epischen Romans vor, wie sie in den nächsten Jahren für ihn gültig bleiben sollte.

In gewissem Kontrast zu dieser Konzeption des Epischen und dem vorangegangenen Roman stand freilich Döblins folgendes, nur wenig bekanntes und interpretiertes Romanwerk »Wadzeks Kampf mit der Dampfturbine«. Wie der »Wang-lun« behandelt es die Entgrenzung der von subjektivem Willen bestimmten menschlichen Einzelexistenz durch gedanklich nicht faßbare elementare Naturkräfte. Es verzichtet aber auf den stofflichen Reichtum und die Massendarstellungen des »Wang-lun« und exemplifiziert sein Thema im wesentlichen an der Titelfigur, die in ihrer neurotischen Veranlagung und grotesken Zeichnung auffällige Parallelen zu Michael Fischer aus der »Ermordung einer Butterblume« zeigt.

Der Roman entstand zwischen August und Dezember 1914 und kam 1918 heraus. Döblin, der inzwischen 1913 Wohnsitz und Praxis vom Halleschen Tor in die Frankfurter Allee 194 verlegt hatte, soll auf dem Fabrikgelände von Siemens & Halske und der AEG umfangreiche Vorstudien zu ihm betrieben habe. Großstadt und Technik fanden aber bis auf wenige Ausnahmen keinen Eingang in das Buch, das denn als Vorläufer des »Berlin Alexanderplatz« auch nicht zu gelten hat. Noch Anfang 1915 dachte Döblin an eine Fortsetzung des »Wadzek« unter dem Titel ›Der Ölmotor‹. Er ließ den Plan aber schon bald fallen, da er den leichten, humoristischen Stil des »Wadzek« durch etwas – wie es in einem Brief an Walden heißt – »Massiveres« ersetzen wollte und sich neue, historische Arbeitsvorhaben in den Vordergrund schoben.

Ende 1914 meldete sich Döblin, der von der Königlichen Ober-Ersatzkommission im Bezirk Berlin am 7. Juni 1903 dem Landsturm ersten Aufgebotes zum Dienst ohne Waffe zugeteilt worden war, als Kriegsfreiwilliger und erhielt am 26. Dez. 1914 den Gestellungsbefehl als Militärarzt für das Lazarett der Infanteriekaserne im lothringischen Saargemünd, wo er wohl in den letzten Tagen des Jahres 1914 eintraf. Verschiedene Gründe dürften ihn zu diesem freiwilligen Schritt veranlaßt haben: indem er dem Einberufungsbefehl zuvorkam, konnte er sich einen erheblichen finanziellen Vorteil verschaffen; sodann mag ihn die wenigstens vorübergehende Lösung von der eigenen Familie gereizt haben; schließlich war auch er von der damals allgemeinen nationalpatriotischen Kriegseuphorie nicht frei und ließ sich etwa in dem noch vor der Abreise nach Saargemünd entstandenen und Ende 1914 in der ›Neuen Rundschau‹ erschienenen Aufsatz »Reims« im Namen einer echten Kultur und unter dem Hinweis auf den Gedanken des heilsamen Hasses in Kleists »Herrmannsschlacht« zu einer schwerlich zu überbietenden höhnenden Englandschelte hinreißen, die in dem Ausruf gipfelt: »Die Stunde bleibt nicht aus! Wehe England!« (AW 14, S. 24). Einmal unmittelbar hinter der Front, kühlte seine Kriegsbegeisterung allerdings schnell ab, und er sehnte sich schon nach wenigen Monaten in die bürgerliche Existenz zurück.

In Saargemünd wohnte Döblin anfangs kurze Zeit im Hotel Royal, anschließend in zwei Privatzimmern in der Marktstr. 7. Die Unabhängigkeit von der Familie währte jedoch nicht lange. Am 17. März 1915 wurde in Berlin Döblins zweiter Sohn Wolfgang geboren, und bald darauf reiste Erna Döblin ihrem Mann mit den beiden Kindern nach Saargemünd nach, wo man von Juni 1915 an eine kleine Wohnung in der Neunkircherstr. 19 bewohnte. Die Berliner Wohnung wurde, als sich auch Beginn 1916 noch kein Ende des Krieges absehen ließ, aufgegeben.

Von seinem Dienst, der ihn zuerst nur mit inneren Erkrankungen, später auch mit Verwundeten in Berührung brachte, war Döblin sehr unterschiedlich beansprucht, verfügte aber wohl gewöhnlich über ausreichende Freizeit. Trotzdem schrieb er 1915 lediglich die letzten Stücke des Novellenbandes »Die Lobensteiner reisen nach Böhmen«, der, nachdem es Ende 1915 zum Vertrag mit Georg Müller gekommen war, 1917 erschien. Die Erneuerung des Kontaktes zu jenem Verlag, der 1913 schon seine erste Novellensammlung veröffentlicht hatte, brachte Döblin auch in Beziehung zum gleichfalls bei Georg Müller verlegten ›Neuen Merkur‹ und dessen Herausgeber *Efraim Frisch*. Er überließ dem ›Neuen Merkur‹ 1914/15 zwei seiner Erzählungen (»Die Nachtwandlerin« und »Die Schlacht, die Schlacht!«) zum Vorabdruck und setzte seine Mitarbeit an der Zeitschrift nach Kriegsende in den Jahren 1919–1921 verstärkt fort.

Daß Döblin vorläufig nicht zur Realisierung größerer literarischer Projekte kam, hatte seine Ursache neben den widrigen Wohnverhältnissen, die es ihm unmöglich machten, sich der häuslichen Unruhe »mit 2 kleinen ewig schreienden Kindern« zu entziehen, vornehmlich darin, daß er in Saargemünd nicht in der ihm von Berlin her vertrauten Weise über Bibliotheken verfügte, deren Reservoir

Vorbedingung seiner künstlerischen Kreativität war und blieb. Im Juli 1915 hatte er sich zwar in der Straßburger Universitätsbibliothek einschreiben lassen, blieb jedoch wegen der zu großen Entfernung auf das Schicken einzelner Bücher angewiesen, während er, wie er immer wieder betonte, »ganze Bibliotheken« benötigte, um sich auf seine Themen stofflich einzustimmen. Immerhin sammelte er 1915/16 historisches Material über den Untergang des mittelalterlichen Byzanz. Das Material wurde für Döblin Jahre später noch einmal aktuell, blieb aber schließlich so gut wie unverwertet. Kurze Zeit spielte der Dichter auch mit dem Gedanken an Stoffe aus dem Umkreis der Bauernkriege und der deutschen Revolution von 1848.

In eine endgültige Richtung wurde Döblins unbestimmtes Suchen nach einem neuen Romanstoff dann im Sommer 1916 gedrängt. Wegen eines ihn in diesen Jahren wiederholt peinigenden Magenleidens weilte er Juli/August 1916 etwa vier Wochen lang zur Kur in Bad Kissingen, wo er nach eigener Aussage durch die Zeitungsanzeige eines Gustav Adolf-Festspiels die entscheidende äußere Anregung zu seinem »Wallenstein«-Roman erhielt. Von nun an sammelte er, noch immer durch das umständliche Ausleihverfahren in seinem Arbeitstempo gebremst, Material zum Komplex des Dreißigjährigen Krieges und begann im November oder Dezember 1916 die Arbeit am Manuskript des »Wallenstein«. Nachdem er März 1917 an Typhus erkrankt war und im April/Mai vier Wochen in einem Heidelberger Lazarett verbringen mußte (während seiner Abwesenheit wurde in Saargemünd am 20. Mai 1917 sein dritter Sohn Klaus geboren), wurde er im August 1917 von Saargemünd in das Seuchenlazarett Hagenau versetzt. Erst hier, wo die Bibliothek im knapp 30 km entfernten Straßburg in erreichbare Nähe gerückt war, machte die Arbeit an dem Romanwerk die entscheidenden Fortschritte und konnte innerhalb des nächsten Jahres bis auf den Schluß, der nach Kriegsende in Berlin entstand, abgeschlossen werden.

Im »Wallenstein«, der 1920 in zwei Bänden bei Fischer herauskam, griff Döblin den schon im »Wang-lun« gestalteten Konflikt zwischen einer aktiv verändernden und einer passiv sich einordnenden Welthaltung wieder auf, verlegt aber die auch nun nicht zum Einklang gebrachten Pole aus der einen Gestalt des Wang-lun in die beiden des Wallenstein und Kaiser Ferdinand. Das Werk ist einerseits eine historisch verfremdete, gleichnishafte Darstellung des Ersten Weltkriegs und des in Döblins Korrespondenz aus dieser Zeit immer wieder angedeuteten chaotischen Grundgefühls, daß es im Krieg offenbar auf nichts ankomme und alle normalen Wertordnungen liquidiert seien. Es fixiert andererseits aber eine unverwechselbare historische Situation, in der Wallenstein die Voraussetzungen für die Einigung Deutschlands unter einem mächtigen Kaiser und damit für den historischen Schritt von der mittelalterlichen Feudalordnung zum Zeitalter des Absolutismus schuf, diese einzigartige Chance aber von dem sich in höchster Machtvollkommenheit der Macht versagenden Ferdinand nicht aufgegriffen wurde. Solche potentielle Entscheidungssituation zwischen zwei Zeitaltern besaß für Döblin in einem Augenblick, da er sich in Deutschland gegen Ende des Krieges wiederum die Möglichkeit gesellschaftlicher Umwandlungen abzeichnen sah, höchste Aktualität. Seine nachträgliche Selbstdeutung des »Wallenstein« war allerdings schwankend. Galt ihm noch 1920 die progressive Wallensteinfigur als Zentrum des Werks, so behauptete er schon 1921 – offenbar unter dem deprimierenden Eindruck der mißlungenen deutschen Revolution – daß das Buch ganz auf die Seele Ferdinands hin zugeschnitten sei.

Zugleich mit der Arbeit am »Wallenstein« setzte Döblin seine kunsttheoretischen Überlegungen fort. In den beiden 1917 veröffentlichten Aufsätzen »Bemerkungen zum Roman« und »Über Roman und Prosa« formulierte er unter Berufung auf Homer, Cervantes, Dostojewski, Dante und Charles de Coster seine epische Theorie neu; und 1918 erschien die im Titel an Martin Luther angelehnte Schrift »Von der Freiheit eines Dichtermenschen«, in der er den Künstler gegen den Anspruch literarischer Zeitströmungen verteidigte. Daneben begann Döblin nun die politischen Ereignisse zu kommentieren und leitete mit den zwei 1917 und 1918 in der ›Neuen Rundschau‹ erschienenen Aufsätzen »Es ist Zeit« und »Drei Demokratien« eine Phase intensiv betriebenen politischen Journalismus ein, die in den kommenden Jahren auf ihren Höhepunkt gelangte. Doch gab er sich in diesen beiden ersten Arbeiten noch als durchaus ›Unpolitischer‹. Er war zwar schon fest von der Notwendigkeit einer Ablösung der deutschen Monarchie überzeugt, setzte aber in dem für jene Zeit typischen antizivilisatorischen Affekt die Vorstellung einer vermeintlich echten Demokratie, nämlich »einer sich wandelnden Menschlichkeit in die Verfassung hinein«, gegen die vermeintlich leere demokratische Verfassungsform der auch nun noch angefeindeten »Anglofranken«: »Wir brauchen keine englische Staatsform und können doch demokratischer sein als irgendein Land« (AW 14, S. 36).

Nachdem Döblin das Chaos von Kriegsende und Revolution im Elsaß erlebt hatte (diese Eindrücke spiegelten sich später in »Bürger und Soldaten 1918«), kehrte er noch im November 1918 nach Berlin zurück, der einzigen Stadt, in der er meinte, leben und arbeiten zu können. Er wohnte vorübergehend bei dem ältesten Bruder und der Mutter, zog zu Beginn des Jahres 1919 in die Frankfurter Allee 340 und eröffnete dort wieder seine auch nun wesentlich von Kassenpatienten getragene ärztliche Praxis als ›Spezialarzt für Innere und Nervenkrankheiten‹. Diese Zeit unmittelbar nach dem Ersten Weltkrieg war so sehr von äußerer Aktivität erfüllt, daß er vorläufig zu größeren schriftstellerischen Unternehmungen nicht kam. Er las jetzt *Karl Marx* und *Ferdinand Lassalle* und sah im Rätegedanken eine konkrete politische Möglichkeit zur Verwirklichung seines anarchistischen Demokratiebegriffs, was dazu führte, daß er sich 1919–1921 eng an die USPD anschloß. Er besuchte Parteiversammlungen, setzte sich als Arzt bei Streiks und in Nachtasylen an nicht mißzuverstehender Stelle der politischen Auseinandersetzung praktisch helfend ein und rief 1920 in dem wichtigen Aufsatz »Republik« auf: »Freunde der Republik und Freiheit. Herüber nach links. An die Seite der Arbeiterschaft« (AW 14, S. 126). Dennoch war Döblin der geschworene Feind aller, auch der linken politischen Parteien und betrachtete deren Auflösung als erste Voraussetzung der »Entfaltung republikanischer und freiheitlicher Grundsätze« (AW 14, S. 120). Für die oft behauptete offizielle Mitgliedschaft Döblins in der USPD und ebenso von 1921–1927 in der SPD gibt es denn auch trotz der bezeugten Teilnahme an den Zahlabenden der Partei keinen wirklichen Beweis.

In diesen Jahren des politischen Engagements hatte Döblin seine aktivste Zeit als politischer Journalist. Namentlich in den 1919–1922 unter dem Pseudonym ›Linke Poot‹ (es sollte, gewiß nicht ohne zugleich eine politische Orientierung anzudeuten, eine von dem sonstigen Werk Döblins deutlich abgehobene, andere Schreibart bezeichnen) für die ›Neue Rundschau‹ entstandenen satirischen Zeitglossen drückt sich seine besondere Position zwischen oder über den Parteien aus. Hier geißelte er die Weimarer Republik, kritisierte aber auch die bürokratische Erstarrung und die klassenkämpferische Praxis des linkssozialistischen Lagers. Da er die vereinbarte Regelmäßigkeit seiner Beiträge bald als lästig empfand, gedachte Döblin diese Form der Mitarbeit an der ›Neuen Rundschau‹ schon 1920 mit dem Aufsatz »Überfließend von Ekel« zu beenden. Unter dem Druck der wirtschaftlichen Misere setzte er die Linke Poot-Reihe für diese Zeitschrift dann jedoch, wenngleich in großen Abständen, noch zwei Jahre lang fort. 1921 faßte er elf der bis dahin veröffentlichten Aufsätze in dem Band »Der deutsche Maskenball« zusammen. Auch außerhalb der ›Neuen Rundschau‹ und über das Jahr 1922 hinaus verwandte er das Pseudonym und schrieb unter ihm 1922/23 für die ›Frankfurter Zeitung‹, 1923/24 für das ›Berliner Tageblatt‹ eine größere Zahl von Artikeln, in denen die politische Note teilweise jedoch bereits zurücktrat.

Zur ›Neuen Rundschau‹ trat Döblin nun auch noch anders denn nur als Autor in Beziehung. 1919/20 war er etwa ein halbes Jahr lang als ihr Redakteur tätig und gelangte dadurch in engere Berührung mit deren Herausgeber *Oskar Bie* und mit *Oskar Loerke,* der seit 1917 Lektor des Fischer Verlags war. Zu einer fruchtbaren Zusammenarbeit konnte es aber bei der kontroversellen Natur Döblins und wegen der Grundverschiedenheit der literarischen Beurteilung Thomas Manns und Gerhart Hauptmanns nicht kommen. Enttäuscht, sich nicht durchgesetzt zu haben, schied Döblin im Frühjahr 1920 wieder aus der Redaktion aus und äußerte mehrfach sein Bedauern darüber, daß es in Deutschland keine große fortschrittliche Zeitschrift gäbe, an der er mitarbeiten könne und wolle. Da es außerdem zu finanziellen Differenzen mit *Samuel Fischer* kam, lockerte sich die Bindung an den Fischer Verlag insgesamt. Döblin rückte für einige Zeit dichter an den ›Neuen Merkur‹ heran, versuchte gegen seinen erklärten Grundsatz doch wieder zu einem bindenden journalistischen Arrangement mit diesem zu kommen und sah sich sogar für seine Bücher nach einem neuen Verleger um, den er aber trotz ernsthafter Verhandlungen mit dem Münchener Drei Masken Verlag nicht fand. Vor dem Hintergrund seiner mit dem Voranschreiten der Inflation immer kritischer werdenden wirtschaftlichen Lage ist auch Döblins damals starkes Engagement im ›Schutzverband deutscher Schriftsteller‹ zu sehen.

Seit 1920 gehörte er dem Vorstand dieser Schriftstellergewerkschaft an (Januar 1924 wurde er ihr Erster Vorsitzender) und setzte sich im Kampf gegen die Verlegerwillkür für ein möglichst geschlossenes Vorgehen aller Autoren und gegen die Zersplitterung in ohnmächtige Einzelverbände ein, was ihn in eine scharfe, 1921 in der ›Weltbühne‹ ausgetragene Kontroverse mit *Wenzel Goldbaum* verwickelte. Am 7. Mai 1921 hielt er auf der Tagung des ›Schutzverbandes‹ seinen wichtigen, die geistige Verpflichtung des Staates gegenüber dem Künstler propagierenden Vortrag »Der Schriftsteller und der Staat«. Als wirtschaftlicher Rettungsring erwies sich Döblin während der Inflation das Berliner Theaterreferat, das ihm Ende 1921 das ›Prager Tagblatt‹ übertrug. Zwischen November 1921 und September 1924 schrieb er für diese Zeitung mehr als 80 Theaterrezensionen, die ihm ein kleines, aber wertfestes Einkommen in ausländischer Währung brachten.

Bereits im Juni 1919 war im ›Neuen Merkur‹ Döblins Aufsatz »Reform des Romans« erschienen, eine polemische Auseinandersetzung mit *Otto Flakes* Roman »Die Stadt des Hirns« und dessen Gestaltungsprinzipien. Diese Arbeit verdient besonderes Interesse, da sie gemeinsam mit Flakes im Oktober an gleicher Stelle abgedruckter Replik eine erst heute in ihrer vollen Bedeutung hervortretende grundsätzliche Diskussion um zwei entgegengesetzte Romantypen bildet: einen irrationalen und einen auf irrational-rationale Totalerkenntnis zielenden. Mit »Der Epiker, sein Stoff und die Kritik« erschien im April 1921, ebenfalls im ›Neuen Merkur‹, ein anderer wichtiger Essay jener Jahre. Hier zog Döblin die psychologischen Konsequenzen seiner epischen Theorie für den individuellen Prozeß des literarischen Schaffens und entwarf – auf die eigenen Erfahrungen bei der Entstehung des »Wang-lun« und »Wallenstein« verweisend – ein erstaunlich undemokratisches Bild vom Dichter, der nur dem »Recht der Minute« verpflichtet sei und sich dem »planenden Verstand« zu entziehen habe.

Etwa seit Ende 1919 wandte Döblin sich wieder dichterischen Arbeiten zu und schrieb, bemerkenswert genug, zwei Theaterstücke. Was ihn zu diesen Versuchen auf einem seit »Lydia und Mäxchen« nicht mehr beschrittenen Terrain veranlaßte, ist unklar, zumal die Berührung mit Brecht erst später fruchtbar wurde und Döblins journalistische Beschäftigung mit dem Theater erst Ende 1921 wieder intensivere Form annahm. Das erste der beiden Stücke, die aus drei locker gefügten Szenen bestehende »Lusitania«, entstand wohl im wesentlichen 1920. Es ist ein phantastisches, düsteres Requiem, das die naturmystische Tendenz der früheren Werke variiert und mit den historischen Umständen der Lusitania-Versenkung durch deutsche Torpedos im Jahre 1915 nichts zu tun hat. Es wurde noch im gleichen Jahr in Albert Ehrensteins ›Gefährten‹ gedruckt. Die Uraufführung, der Döblin selbst beiwohnte, fand am 15. Jan. 1926 im Hessischen Landestheater Darmstadt unter der Regie von *Jacob Geis* statt und geriet zu einem von nationalistischen Studenten inszenierten Skandal, der sogar eine Interpellation im hessischen Landtag zur Folge hatte. Von der Kritik wurde das Stück allgemein als »künstlerische Entgleisung« und »dichterische Niete« bezeichnet. – Das zweite Bühnenwerk, »Die Nonnen von Kemnade«, wurde im Sommerbeginn 1921 geschrieben und ging aus Döblins erneuter Beschäftigung mit dem schon während des Krieges zur Seite gelegten und auch nun wieder ohne epische Folgen gebliebenen Byzanz-Komplex hervor. Das vieraktige Stück, das ebensowenig wie die »Lusitania« das ästhetische Experiment von »Lydia und Mäxchen« fortsetzte, behandelt den auf dem Frankfurter Reichstag von 1147 zur Verhandlung gelangten Fall der lebensgenießerischen, einer irdischen Gottheit verschriebenen Äbtissin Judith von Bomeneburg. Es kam 1923 bei Fischer heraus und wurde am 21. April 1923 im Leipziger Alten Theater uraufgeführt. Döblin verbrachte anläßlich des Ereignisses mit Yolla Niclas einige Tage in Leipzig.

Yolla Niclas war im privaten Bereich Döblins entscheidende Bekanntschaft dieser Jahre. Er hatte die 22 Jahre jüngere Frau, Photographin und Tochter eines Berliner Bankiers, am 26. Febr. 1921 auf einem Ball des ›Feuerreiter‹, in dessen gleichnamiger Zeitschrift 1922 Döblins Aufsatz »Erlebnis zweier Kräfte« erschien, kennengelernt (der Schauspieler *Alexander Granach* hatte sie ihm vorgestellt). Es entwickelte sich eine mystische Liebe zwischen ihnen. Sie hing mit kindlicher Verehrung an Döblin, nahm regen Anteil an seinem literarischen Schaffen, und man darf in ihr das Urbild der Gestalten der Venaska aus »Berge Meere und Giganten« und der Sawitri aus dem »Manas« vermuten. Direkter spiegelt sich das Verhältnis in der späteren Erzählung »Sommerliebe«. Die Beziehung, die – obwohl das Verhältnis Yollas zu Erna Döblin und den Kindern ausgesprochen herzlich gewesen sein soll – Döblins Ehe schweren Zerreißproben aussetzte, hielt lange Zeit an. Im Sommer 1921 und 1925 verbrachten Döblin und Yolla gemeinsame Ferien im Spreewald. Auch während der Emigrationsjahre (Yolla Niclas emigrierte wie Döblin nach Paris, dann nach USA) riß der Kontakt nicht ganz ab. Noch wenige Jahre vor seinem Tod soll Döblin gegenüber R. Minder den Wunsch geäußert haben, die alte Freundin noch einmal zu sehen.

Ende 1921 nahm Döblin ein neues episches Werk in Angriff. In einem Brief an Efraim Frisch vom 2. Nov. 1921 schrieb er: »Ich liege eben über einem neuen größeren oder großen Opus, das gut fortschreitet« (AW 13, S. 119f.), und gibt damit einen ersten Hinweis auf den Zukunftsroman »Berge Meere und Giganten«. Döblin legte zu diesem Werk eine der umfangreichsten und interessantesten Materialsammlungen an.

Er vertiefte sich in der Berliner Stadtbibliothek in Atlanten, geologische und mineralogische Fachliteratur, Abbildungsbände sowie die gesamte damals verfügbare Island- und Grönlandliteratur, deren Sprachform deutliche Spuren in dem Romanwerk hinterließ, und brachte rückschauend auch seine 1920 wiederaufgenommenen naturwissenschaftlichen Studien mit der Vorarbeit zu dem Roman in Verbindung. Anfang 1922 unterbrach er für vier Wochen seine Berufsarbeit (die Praxis brachte ihm während der Inflation ohnehin fast nichts ein), um die Niederschrift des als 6. und 7. Buch in den fertigen Roma aufgenommenen Island–Grönlandkomplexes voranzutreiben. Im Sommer 1922 zog er sich dann nochmals, nun für mehrere Monate, in eine Pension in Berlin-Zehlendorf, Lessingstr. 1, in unmittelbarer Nähe des Schlachtensees, zurück. Hier begann er, in fortwährend engem Kontakt zu der ihn fast täglich besuchenden Yolla Niclas, »systematisch von vorne zu schreiben« (AW 8,

S. 351). In diesen Monaten dürfte der größte Teil des Buches entstanden sein, das aber erst im Sommer 1923 beendet wurde und
Anfang 1924 herauskam. Es wurde von dem wenig später in der
›Neuen Rundschau‹ erscheinenden Aufsatz »Bemerkungen zu
Berge Meere und Giganten« begleitet, der einen Entstehungsbericht
des Werkes enthält und einen der bei Döblin sehr seltenen Fälle
ausführlicherer Selbstkommentierung bildet.

Nach den großen historischen Werken der Vergangenheit wollte
Döblin seine Zeit in »Berge Meere und Giganten« in einer Zukunfts-
fiktion verfremden und gedachte ursprünglich, dem Naturgesche-
hen die prometheische Antithese einer siegreichen technokratischen
Bewegung entgegenzustellen. Damit hätte die naturmystische Linie
des »Wang-lun« und des »Wallenstein« beendet werden sollen.
Doch wurde Döblin bald die Naturhaftigkeit auch der vom Menschen inszenierten Technik klar. Er änderte dementsprechend während der Entstehung den Vorwurf und führte die zukünftige
Menschheit am Ende des Werkes in den maschinenlosen, demütigen
Zustand vollkommenen Einvernehmens mit der Natur: keine Utopie, sondern gerade Aufhebung aller Utopie in einem zeit- und
hoffnungslosen Endzustand. In seiner äußersten Steigerung der sich
allerdings hier gelegentlich schon überschlagenden und ins Gegenteil verkehrenden Maxime von der Nichtigkeit der Einzelwesen und
ihrer Einlagerung in kollektive Naturprozesse stellt der Roman
einen scharfen Kontrapunkt zu Döblins politischem Engagement
der ersten Nachkriegsjahre dar und darf als Spiegel von Döblins seit
1921/22 einsetzendem resignierten Rückzug aus der politischen
Tätigkeit gelten. Das Werk steht unverkennbar mehr als irgendein
anderes Werk Döblins in der Nähe des Futurismus, ohne allerdings
tatsächlich, wie von Armin Arnold behauptet, jene »ideale Poesie«
zu realisieren, die Marinetti als »die ununterbrochene Reihe der
zweiten Analogieausdrücke« definiert hatte.

In den direkten Entstehungszusammenhang von »Berge Meere
und Giganten« gehört eine Reihe von Aufsätzen, mit denen Döblin
sich zu jener Zeit erstmals das Feld eigenen philosophischen Speku-
lierens erschloß und die Basis zu seiner Naturphilosophie legte. Die
1919 in *Alfred Wolfensteins* Jahrbuch ›Die Erhebung‹ veröffentlichte
religionskritische Schrift »Jenseit von Gott« propagierte die Beseitigung der anthropomorphen christlichen Religion, um den wirklichen Zugang »zu den Quellen, zum Sinn des Lebens, zur Religion«
(›Die Erhebung‹ 1919, S. 395) zu öffnen. In den 1921 und 1922 in der
›Neuen Rundschau‹ und 1922 im ›Neuen Merkur‹ erschienenen
Arbeiten »Buddho und die Natur«, »Das Wasser«, »Die Natur und
ihre Seelen« führte Döblin dann sein noch 1919 nur als Negation des

christlichen Glaubens gefaßtes philosophisches Axiom aus und entwickelte seine Vorstellungen von der tiefen Verwandtschaft des Menschen mit der anorganischen Natur und von der Beseeltheit aller Materie, deren Bezeichnung ihm im Hegelschen Sinn als ein ›emphatischer Name‹ galt. 1927 wurden diese drei letzten Stücke, nachdem sich ihre geplante Vereinigung zu einer kleinen Broschüre 1922/23 zerschlagen hatte, in »Das Ich über der Natur« eingearbeitet. Charakteristisch für diese wie für viele andere Aufsätze jener Jahre ist neben der atheistischen Attitüde (wenn überhaupt, so läßt sich die Etikettierung Döblins als ›Großinquisitor des Atheismus‹ am ehesten für diese Phase anwenden) vor allem die entschiedene Zurückweisung des naturwissenschaftlichen Kausalitätsdenkens, an dessen Stelle die geistige Erkenntnis des Wunders der Kausalität selber zu treten habe. Ohne daß Döblin sich etwa gegen den Wert der empirischen Naturwissenschaften gewandt hätte, spielte er damals den Begriff der Geistigkeit vielfach gegen Vernunft, Entwicklung und Fortschritt aus und verteidigte eine durchaus antiaufklärerische Position, für die er bemerkenswerterweise in den 1921 und 1922 veröffentlichten Essays »Goethe und Dostojewski« und »Erlebnis zweier Kräfte« auch den sonst vielfach verhöhnten, hier aber als »Östler« und also Geistesverwandten deklarierten *Goethe* in Anspruch nahm. Nicht ohne Bedeutung für die naturphilosophische Orientierung jener Jahre dürfte die seit 1918 bestehende Beziehung zu *Wilhelm Lehmann* gewesen sein, in dessen Romanen »Der Bilderstürmer«, »Der Weingott« und »Die Schmetterlingspuppe« Döblin ein Resonanz- und Sympathieverhältnis von Natur und Mensch erkannte, das ihm verwandt erschien und ihn 1923 zu seinem Vorschlag Lehmans für den Kleist-Preis bestimmte.

Mit »Die beiden Freundinnen und ihr Giftmord« entstand 1923 eine Arbeit, die Döblins auch nun anhaltendes Interesse an Kriminalfällen dokumentiert und als Beitrag zu dem besonderen Genre der Prozeßliteratur Erwähnung verdient. Döblin hatte Einsicht in die Akten des auch von der Presse damals groß aufgemachten und sogar heute von der Boulevardpresse (s. Bild-Zeitung vom 23. 1. und 27. 1. 1973) noch nicht vergessenen Giftmordprozeß Klein-Nebbe erlangt, der vom 12.–16. März 1923 vor dem Landesgericht in Berlin verhandelt wurde, hatte sich über die Lokalverhältnisse informiert sowie eine der beiden Freundinnen gesprochen und verdichtete das so gewonnene Material zu einer minuziösen psychoanalytischen Rekonstruktion und Deutung des gesamten Falls. 1924 kam der Text als erster Band der von Rudolf Leonhard im Verlag Die Schmiede herausgegebenen Reihe ›Außenseiter der Gesellschaft – Die Verbrechen der Gegenwart‹ an die Öffentlichkeit.

Zur Biographie

Selbstzeugnisse: Geist und Geld [Rundfrageantwort], in: Voss. Ztg. v. 27. 3. 1921, ebenso in: Vertrbg. *Beyer*, S. 77; Autobiographische Skizze, in: AW 19, S. 20–21; Arzt und Dichter, in: AW 8, S. 363–365, ebenso in: AW 19, S. 26–28; Journal 1952/53, in: AW 19, S. 453–539 (passim); Briefe, in: AW 13, S. 56–126.

Literatur: *Graber, H.*, in: Nachw. AW 13, S. 667–670; *Huguet 1*, Bd 1, S. 56–74, 93–98, 211–216; *Huguet 2*, S. 17–26; *Huguet 3*, S. 51–77; *Links*, S. 66–70; *Minder 1*, S. 169–170; *Schröter 2*, S. 54–92; *Weyembergh-Boussart*, S. 33–40.

Futurismus-Beziehung: *Arnold*, S. 80–107; *Edschmid, K.:* D. und die Futuristen, in: Feuer 1 (1920), S. 681–685, ebenso in: K. E., Frühe Manifeste, 1957, S. 106–111; *Faulhaber*, S. 39–83; *Kreutzer*, S. 34–46; *Links*, S. 30–32; *Meier-Lenz, D.:* Der Futurismus und sein Einfluß auf A. D. und August Stramm, in: Die Horen 19 (1974), H. 94, S. 13–30; *Ribbat*, S. 97–100; *Ryan, J.:* From Futurism to ›Döblinism‹, in: GQ 54 (1981), S. 415–426; *Veit*, S. 16–24; Žmegač, S. 297–299.

Literarische Tätigkeit 1912–1924

Größere erzählende Prosa:

»Die drei Sprünge des Wang-lun«
Entstehung: Berlin, Juli 1912–Mai 1913. – Handschrift: unvollst. Ms., Teilabschr. v. Erna Döblin, Typoskript, umfangr. Materialien, SNM. – Druck: S. Fischer Verlag, Berlin 1915, ebenso AW 1; nicht in der Buchfassung enthaltenes Eingangskapitel u. d. T. »Der Überfall auf Chao-Lao-Sü«, in: Genius 3 (1921), 2. Buch, S. 275–285, ebenso selbst. u. d. T. »Der Überfall« als Sonderdruck der Officina Serpentis, Berlin 1929, ebenso in: AW 6, S. 96–113. – Erste Übersetzungen: Wang-Luns Tre Spring, Kopenhagen 1926; Wang-Loun, Paris 1932. – Selbstzeugnisse: Autobiographische Skizze, in: AW 19, S. 20; Epilog, in: AW 8, S. 386–387, ebenso in: AW 19, S. 441–442; Briefe an M. Buber (17. 1. 1912, 24. 1. 1912, 18. 8. 1912, 13. 10. 1912, 12. 7. 1914), in: AW 13, S. 56–60; Brief an M. Heimann (2. 4. 1914), in: AW 13, S. 60.

Rezensionen und kurze Einführungen zum »Wang-lun«:
Behne, A., in: Die Aktion 6 (1916), Sp. 631; *Blaß, E.*, in: Das Junge Deutschland 1. (1918), S. 342–344; *Casey*, S. 639; *Dewall, W.*, in: FZ v. 1. 8. 1916; *Feuchtwanger, L.:* A. D.s Roman, in: Die Schaubühne 12 (1916), Bd 2, S. 240–242; *Ders.*, in: Münchner Neueste Nachrichten v. 17. 12. 1916; *Fischer, M.*, in: März 10 (1916), S. 155–156; *Glaser, K.*, in: LE 18 (1915/16), Sp. 1347–1348; *Herrmann, M.*, in: Marsyas 1 (1917), S. 268; *Hoffmann, C.*, in: Das Kunstblatt 2 (1918), S. 158–160; *Horst, K. A.:* Daß ich nicht vergesse, in: FAZ v. 6. 8. 1960; *Korn, K.:* Via Peking zum Expressionismus, in: Die Glocke 2 (1917), S. 1036–1039; *Kramberg, K.*

H.: Gefangene der Sprache, in: Süddt. Ztg. v. 7. 8. 1961; *Lemm, A.,* in: Die weißen Blätter 4 (1917), H. 1, S. 82–83; *Levin, J.,* in: Voss. Ztg. v. 13. 5. 1917; *Loerke, O.,* in: NR 27 (1916), S. 701–713, ebenso in: O. L., Literarische Aufsätze aus der NR 1909–1941, 1967, S. 48–56; *Marcuse, L.:* Kein Autor für die Flüchtigen, in: Die Zeit v. 23. 9. 1960; *Minder 1,* S. 164–165; *Mürr, G.:* A. D.s chinesischer Roman, in: Hamburgischer Korrespondent. v. 24. 6. 1917; *Muschg,* S. 116–117; *Rubiner, L.,* in: Zeit-Echo 3 (Mai 1917), S. 20; *Salmony, A.,* in: Kölner Tageblatt v. 12. 11. 1916; *Storck, K.,* in: Der Türmer 21 (1919), Bd 2, S. 427–429; *Wetzel, H.,* in: BBC v. 14. 5. 1916.

Untersuchungen zum »Wang-lung«:

Arnold, S. 84–92; *Blessing,* passim; *Dscheng; Durrani, O.:* Shen Te, Shiu Ta, and Die drei Sprünge des Wang-lun, in: Oxford German Studies 12 (1981), S. 111–112; *Elshorst,* S. 13–14; *Falk, W.:* Der erste moderne deutsche Roman: Die drei Sprünge des Wang-lun, in: ZfdPh. 89 (1970), S. 510–531; *Ferris,* S. 15–24; *Hachmoeller; Huguet 2,* S. 402–539; *Jennings,* S. 87–131; Katalog *Meyer,* S. 130–136; *Kaufmann,* S. 318–321; *Kobel,* S. 147–188; *Kort,* S. 7–18; *Kreutzer,* S. 46–54; *Kwiecińska, G.:* Die Beziehung zwischen Masse und Individuum in dem expressionistischen Roman A. D.s Die drei Sprünge des Wang-lun, in: Filologia Germańska (Acta Universitas Nicolai Copernici) 7 (1981), S. 43–49; *Lide, F.:* The episode of the three leaps in A. D.s Die drei Sprünge des Wang-lun, in: Studies in German. In memory of A. Louis, Rice University 1969, S. 143–147; *Links,* S. 36–58; *Loerke,* S. 570–577; *Martini,* S. 334–336; *Müller-Salget,* S. 116–164; *Muschg, W.:* Nachw. AW 1, S. 481–502, ähnlich in: W. M., Von Trakl zu Brecht, 1961, S. 198–219; *Regensteiner,* S. 17–53; *Ribbat,* S. 117–170; *Schmidt-Henkel,* S. 164–180; *Schröter 1,* S. 77–82; *Schuster, I.:* A. D.s Chinesischer Roman, in: WW 20 (1970), S. 339–346; *Ders.,* Die drei Sprünge des Wang-lun, in: Zu A. D., S. 82–97; *Weyembergh-Boussart,* S. 41–44, 63–68, 93–104.

»Wadzeks Kampf mit der Dampfturbine«

Entstehung: Berlin, Aug.–Dez. 1914. – Handschrift: sehr unvollständiges Ms., Typoskript u. d. T. Die Dampfturbine, SNM. – Druck: S. Fischer Verlag, Berlin 1918, ebenso: AW 21. – Selbstzeugnisse: Epilog, in: AW 8, S. 387, ebenso in: AW 19, S. 242; Briefe an H. Walden (23. 3. 1915, 10. 5. 1915, 29. 8. 1915, 20. 11. 1915), Briefe an M. Buber (12. 10. 1915, 13. 12. 1915), alle in: AW 13, S. 70–80. – Literatur: *Elshorst,* S. 23–29; *Ferris,* S. 9–12; *Herwig, F.,* in: Hochland 16 (1918/1919), Bd 2, S. 95–97; *Huguet 2,* S. 539–600; *Johst, H.,* in: NR 30 (1919), S. 126–127; KL., in: Geschichtsblätter für Technik und Industrie 6 (1919), S. 205–207; *Körner, Fr. Th.,* in: LE 21 (1918/19), Sp. 114–115; *Kort,* S. 27–32; *Links,* S. 58–62; M. K., in: Berliner Börsenztg. v. 5. 6. 1919; *Müller-Salget,* S. 82–93; *Regensteiner,* S. 90–103; *Ribbat,* S. 171–204; *Richter, H. G.,* in Leipziger Tageblatt v. 8. 12. 1918.

»Wallenstein«

Entstehung: Saargemünd, Hagenau, Berlin 1916–1918/19. – Handschrift: Ms. mit umfangr. Materialien, SNM. – Druck: S. Fischer Verlag, Berlin 1920, 2 Bde, ebenso: AW 10. – Übersetzung: Valdštejn, Prag 1931. –

Selbstzeugnisse: Überfließend von Ekel, in: AW 14, S. 111–113; Der Epiker, sein Stoff und die Kritik, in: AW 8, S. 339–345; Der Dreißigjährige Krieg, in: Die Befreiung der Menschheit, hrsg. v. I. Jĕzower, 1921, S. 49–56, ebenso in: AW 14, S. 45–59; Epilog, in: AW 8, S. 387–388, ebenso in: AW 19, S. 442–443; Briefe an A. Ehrenstein (9. 10. 1916, Berlin 1919, 14. 10. 1920), in: AW 13, S. 91–92, 108–109, 115–116; Brief an H. Walden (16. 11. 1916), in: AW 13, S. 92–93; s. ferner: AW 13, S. 532–533.
Rezensionen und kurze Einführungen zum »Wallenstein«:
Anonym: A. D. en Herrmann Unger, in: Telegraaf (Amsterdam) v. 9. 7. 1921; *Anonym,* in: TLS v. 27. 3. 1923; *Blei, F.,* in: TB 2 (1921), S. 400–401; *Bohlmann, G.,* in: Königsberger Allg. Ztg. v. 19. 8. 1921; *Burschell, F.:* Geschichte und Legende, in: NM 4 (1920/21), S. 787–790; *Casey,* S. 639–640; *Feuchtwanger, L.,* in: WB 17 (1921), Bd 1, S. 573–576; *Friedrich, P.,* in: LE 23 (1920/21), Sp. 1380–1381; *Goldstein, M.,* in: Voss. Ztg. v. 13. 11. 1921; *Hesse, O. E.,* in: Der Tag v. 18. 9. 1921; *Ihering, H.,* in: BBC v. 20. 9. 1921; *Knipperdolling, G.,* in: Die Glocke 7 (1921), Bd 1, S. 529–531; *Krell, M.,* in: NR 31 (1920), S. 1417–1419; *Minder 1,* S. 166–167; *Müller-Rastatt, C.,* in: Hamburgischer Korrespondent v. 15. 7. 1921; *Muschg,* S. 117–118; *Ders.,* in: Neue Zürcher Ztg. v. 3. 7. 1965; *Nidden, E.,* in: Der Kunstwart und Kulturwart 34 (1921), S. 293–295; *Siemsen, H.,* in: Freiheit (Berlin) v. 22. 12. 1921; *Strauss* und *Torney, L. v.,* in: Die Tat 13 (1921/22), S. 618–622; *Völker, K.:* Epos einer vergrausten Welt, in: Der Tagesspiegel v. 9. 1. 1966; *Walter, H.-A.:* Zwischen Marx und Mystik, in: FH 21 (1966), S. 430–432; *Zarek, O.,* in: NR 32 (1921), S. 776–778.
Untersuchungen zum »Wallenstein«:
Arnold, S. 94–98; *Blessing,* u. a., S. 64–117; *Elshorst,* S. 29–38; *Ferris,* S. 24–30; *Grass, G.:* Über meinen Lehrer D., in: Akzente 14 (1967), S. 290–309, ebenso in: G. G., in: Über meinen Lehrer D. und andere Vorträge, 1968, S. 7–26; *Harnisch; Kobel,* S. 189–222; *Kort,* S. 33–44; *Kreutzer,* S. 55–70; *Links,* S. 70–78; *Loerke,* S. 584–590; *Martini,* S. 337–341; *Mayer; Müller, H.:* Die Welt hat einen Hauch von Verwesung, Anmerkungen zu D.s historischem Roman Wallenstein, in: Merkur 39 (1985), S. 405–413; *Müller-Salget,* S. 165–200; *Muschg, W.:* Nachw. AW 10, S. 743–751; *Rasch, W.:* D.s Wallenstein und die Geschichte, in: A. D. 70, S. 36–47, ebenso in: W. R., Zur deutschen Literatur der Jahrhundertwende, 1967, S. 228–242; *Regensteiner,* S. 54–87; *Schröter 1,* S. 85–87; *Solka-Lipnicka, K.:* A. D.s Wallenstein als historischer Roman, in: Studia Germanica Posnaniensia 4 (1975), S. 13–20; *Sommer, Ch.:* Die dichterische Gestaltung des Wallensteinstoffes seit Schiller, Diss. Breslau 1923 (masch.); *Wallenstein, P. R.:* Die dichterische Gestaltung der historischen Persönlichkeit, gezeigt an der Wallensteinfigur, Diss. Bonn, Würzburg 1934, S. 69–75; *Weyembergh-Boussart,* S. 45–48, 69–72, 105–110.
»Berge Meere und Giganten«
Entstehung: Berlin, Ende 1921–Sommer 1923. – Handschrift: unvollst. Ms. (ungeordnet) mit umfangr. Materialien, SNM. – Druck: S. Fischer Verlag, Berlin 1924, ebenso: AW 16. – Selbstzeugnisse: Bemerkungen zu Berge Meere und Giganten, in: AW 8, S. 345–356; Epilog, in: AW 8,

S. 388–389, ebenso in: AW 19, S. 443; Briefe an E. Frisch (2. 11. 1921, 25. 8. 1922), Brief an W. Lehmann (1. 9. 1923), alle in: AW 13, S. 119–124. Rezensionen und kurze Einführungen zu »Berge Meere und Giganten«: *Anonym*, in: TLS v. 24. 9. 1925; *Anonym:* Herr D.s Exciting Utopia, in: New York Herald-Tribune v. 18. 10. 1925; *Bieber, H.,* in: Deutsche Allg. Ztg. v. 30. 11. 1924; *Blaß, E.,* in: NR 35 (1924), S. 527–528; *Casey*, S. 640–641; *Ebermayer, E.,* in: Leipziger Tageblatt v. 9. 3. 1924; *Franke, W.,* in: Leipziger Neueste Nachrichten, o. D. SNM; G. F.: A. D. als Vorleser, in: Voss. Ztg. v. 17. 1. 1924; *Goldstein, M.:* Eruption der Phantasie, in: Voss. Ztg. v. 30. 3. 1924; *Gottfurcht, F.:* A. D.s Utopie, in: Der Feuerreiter 3 (1924), H. 2, S. 69–72; *Härtling, P.:* Ein Chaos ohne Chausseen, in: Die Zeit v. 22. 4. 1966; *Herrmann, K.,* in: Die Neue Bücherschau 5 (1925), H. 5, S. 42–43; *Herwig, F.,* in: Hochland 22 (1924/25), Bd 1, S. 338–339; *Hildenbrandt, F.,* in: BT v. 31. 5. 1924; *J.K.:* D. contra D., in: Berliner Börsenztg. v. 17. 1. 1924; *Krell, M.,* in: L 26 (1923/24), S. 521–523; *Lesser, M.,* SNM; *Rössle, W.,* in: Die Tat 16 (1924/25), S. 693–694; *Strekker, K.,* in: Velhagen und Klasings Monatshefte 40 (1925), Bd 1, S. 107–108; *Stroh, H.,* in: Berliner Börsenztg. v. 3. 4. 1924; *Warschauer, F.,* in: WB 20 (1924), Bd 2, S. 145–149; *Wenzig, E.,* in: Die Hilfe 31 (1925), S. 141–143.

Untersuchungen zu »Berge Meere und Giganten«:
Arnold, S. 99–107; *Blessing*, passim; *Daniels, K.-H.:* Expressionismus und Technik, in: Expressionismus als Literatur, hrsg. v. W. Rothe, 1969, S. 189–192; *Denlinger; Dietz, L.:* Der Zukunftsroman als Jugendlektüre, in: DU 13 (1961), H. 6, S. 90–95; *Elshorst*, S. 38–45; *Ferris*, S. 30–38; *Herchenröder, M.,* in: A. D. 70, S. 48–57; *Kaufmann*, S. 431–435; *Kimber*, S. 172–197; *Klotz, V.:* Nachw. AW 16, S. 513–539; *Ders.,* D.s epische Penetranz. Zum sinnvoll-sinnlichen Umgang mit Berge Meere und Giganten, in: Sprache im technischen Zeitalter 1977, S. 213–231; *Kort*, S. 45–58; *Kreutzer*, S. 89–95; *Links*, S. 83–89; *Loerke*, S. 590–596; *Martini*, S. 341–343; *Müller-Salget*, S. 201–225; *Regensteiner*, S. 103–131 a; *Storz, G.:* Sprache und Dichtung, 1957, S. 261–270; *Weyembergh-Boussart*, S. 48–51, 75–78, 81–88.

Kleinere erzählende Prosa:

»Die Lobensteiner reisen nach Böhmen«. Sammelband der im folgenden einzeln in der Reihenfolge ihrer ersten Veröffentlichung verzeichneten 12 Erz. – Entstehung: Berlin, Saargemünd, etwa 1912–1915. – Handschrift: Ms. (mit Ausnahme der Erz. »Das Femgericht«, »Das Gespenst vom Ritthof« und »Das Krokodil«), z. T. in mehreren Fassungen, Entw. einiger Erz., im Ms.-konvolut ferner die nicht in die Sammlung aufgenommene und auch sonst ungedruckt gebliebene Erz. »Gang eines Mönches nach Berlin« (möglicherweise Vorstufe zu »Der Kaplan«). – Druck: Verlag Georg Müller, München 1917. – Literatur allgemein: *Edschmid, K.,* in: FZ v. 18. 7. 1918; *Herwig, F.,* in: Hochland 17 (1919/20), Bd 2, S. 617; *Links*, S. 63–66; *Muschg, W.,* in: Nachw. AW 6, S. 426–428; *Ribbat*, S. 72.

»Die Nachtwandlerin«, in: NM 1 (1914/15), S. 63–76, ebenso in: A.D., Blaubart und Miss Ilsebill, 1923, S. 29–52, ebenso in: AW 6, S. 148–161. – Literatur: *Huguet 2*, S. 202–215; *Kobel*, S. 95–112; *Müller-Salget*, S. 79–81; *Ribbat*, S. 79–82.

»Der Kaplan«, in: St. 5 (1914), S. 35–39, ebenso in: AW 6, S. 121–138. – Literatur: *Huguet 2*, S. 263–284; *Kobel*, S. 113–131; *Müller-Salget*, S. 61–66; *Ribbat*, S. 82–84.

»Von der himmlischen Gnade«, in: St. 5 (1914), S. 82–84, ebenso in: AW 6, S. 139–147. – Literatur: *Huguet 2*, S. 142–146; *Kimber*, S. 126–135; *Müller-Salget*, S. 96–97; *Ribbat*, S. 76–79.

»Die Schlacht, die Schlacht!«, in: NM 2 (1915/16), S. 22–36, ebenso in: AW 6, S. 185–200. – Literatur: *Huguet 2*, S. 151–166; *Kreutzer*, S. 42–47; *Müller-Salget*, S. 93–96.

»Das Gespenst vom Ritthof«, in: St. 6 (1915), S. 80–81, ebenso in: AW 6, S. 169–174. – Literatur: *Huguet 2*, S. 215–223.

»Das Femgericht«, in: NR 26 (1915), S. 234–239, ebenso in: AW 6, S. 162–168. – Literatur: *Huguet 2*, S. 146–151.

»Vom Hinzel und dem wilden Lenchen«, in: Marsyas 1 (1917), H. 1, S. 17–30, ebenso in: AW 6, S. 216–221. – Literatur: *Huguet 2*, S. 342–348; *Kimber*, S. 165–171; *Ribbat*, S. 72–74.

»Linie Dresden–Bukarest«, erstmals im Sammelband von 1917, ebenso in: AW 6, S. 296–305. – Literatur: *Huguet 2*, S. 186–191; *Müller-Salget*, S. 73–74.

»Der Riese Wenzel«, erstmals im Sammelband von 1917, ebenso in: AW 6, S. 175–178. – Literatur: *Huguet 2*, S. 348–351; *Kimber*, S. 135–141.

»Das Krokodil«, erstmals im Sammelband von 1917, ebenso in: AW 6, S. 222–236. – Literatur: *Huguet 2*, S. 336–342; *Kobel*, S. 132–146; *Ribbat*, S. 74–76.

»Der vertauschte Knecht«, erstmals im Sammelband von 1917, ebenso in: AW 6, S. 179–184. – Literatur: *Huguet 2*, S. 136–142.

»Die Lobensteiner reisen nach Böhmen«, insgesamt erstmals im Sammelband von 1917, u. d.T. »Geschichten von den Lobensteinern« als Auszug schon in: St. 6 (1915), S. 15–16, 18, sodann: AW 6, S. 237–290. – Literatur: *Huguet 2*, S. 166–179; *Ribbat*, S. 86–87.

Andere Erzählungen:

»Der Feldzeugmeister Cratz«, in: NR 28 (1917), S. 513–525, ebenso in: AW 6, S. 201–215. – Literatur: *Huguet 2*, S. 179–184.

»Das verwerfliche Schwein«, in: NR 28 (1917), S. 1377–1387, ebenso in: Die Gefährten 3 (1920), H. 4, S. 1–11, ebenso in: A.D., Blaubart und Miss Ilsebill, 1923, S. 7–27, ebenso in: AW 6, S. 306–317. – Literatur: *Huguet 2*, S. 323–338.

»Die Flucht aus dem Himmel«, in: Die Erhebung, Bd 2 [1920], S. 11–16, ebenso in: AW 6, S. 291–295. – Literatur: *Huguet 2*, S. 374–389.

»Die beiden Freundinnen und ihr Giftmord«, Verlag Die Schmiede, Berlin 1924, ebenso (ohne die dem Erstdruck beigegebenen Psychogramme und Handschriftenproben): Suhrkamp Verlag, Frankfurt a. M. 1971. – Literatur: *Ebermayer, E.*, in: L 27 (1924/25), S. 632–633; *Pohl, G.*, in: Die Neue Bücherschau 5 (1925), H. 4, S. 33–35; *Rubin, H.*, in: Ztschr. für Sexualwissenschaft 12 (1925), S. 98; *Siemsen, H.*, in: WB 21 (1925), Bd 1, S. 360–361.

Dramatisches:

»Lusitania«. Drei Szenen. – Entstehung: Berlin, 1919/20. – Handschrift: Entw., SNM. – Uraufführung: 15. 1. 1926, Hessisches Landestheater Darmstadt, Regie J. Geis. – Druck: Die Gefährten 3 (1920), H. 4, S. 29–59, ebenso selbst.: Presse Oda Weitbrecht, Hamburg 1929, ebenso in: AW 22, S. 62–105. – Literatur: *Berglar-Schroer, P.*, in: Süddt. Ztg. v. 18. 1. 1926; *Edschmid, K.*, in: Acht-Uhr-Abendblatt v. 19. 1. 1926; *Huguet, L.:* A. D. dramaturge: Lusitania, Die Nonnen von Kemnade, in: Seminar 17 (1981), S. 214–245; *Kirchhoff, P.*, in: Darmstädter Ztg. v. 18. 1. 1926; *Kleinschmidt, E.*, in: Nachw. AW 22, S. 548–550, 601–610; *Marcuse, L.*, in: Frankfurter Generalanzeiger v. 16. 1. 1926; *Michel, W.*, in: Hessischer Volksfreund v. 18./19. 1. 1926.

»Die Nonnen von Kemnade«. Schauspiel in vier Akten. – Entstehung: Berlin, Sommer 1921. – Handschrift: Materialien (kein Ms.), SNM. – Uraufführung: 21. 4. 1923, Altes Theater Leipzig, Regie A. Kronacher. – Druck: S. Fischer Verlag, Berlin 1923, ebenso in: AW 22, S. 106–171. – Selbstzeugnisse: Vorwort der Buchausgabe v. 1923, S. 9–10; Eindrücke eines Autors bei seiner Premiere, in: Leipziger Tageblatt v. 29. 4. 1923, ebenso in: Zeitlupe, S. 66–68. – Literatur: *Delpy, E.* in: Leipziger Neueste Nachrichten v. 23. 4. 1923; *Endler, A.*, in: Prager Presse v. 29. 7. 1923; *Kleinschmidt, E.*, in: Nachw. AW 22, S. 550–552, 610–616; *Michael, E.*, in: SL 24 (1923), S. 198; *Natonek, H.*, in: Neue Leipziger Ztg. v. 23. 4. 1923; *Richter, H. G.*, in: Leipziger Tageblatt v. 24. 4. 1923; *Witkowski, G.*, in: LE 25 (1923), Sp. 901–902.

[»Siddi«] Szenen eines Filmmanuskripts, teilw. in: LW 6 (1930), Nr 39, S. 4, sodann in: AW 22, S. 321–324.

»Die geweihten Töchter«. Filmszenarium, teilw. in: Das Dreieck 1 (1924), S. 22–24, sodann in: AW 22, S. 325–364.

Essays zur Kunst und Kunsttheorie:

»Die Bilder der Futuristen«, in: St. 3 (1912), S. 41–42, ebenso in: AW 23, S. 112–117.

»Futuristische Worttechnik. Offener Brief an F. T. Marinetti«, in: St. 3 (1913), S. 280 u. 282, ebenso in: AW 8, S. 9–15.

»An Romanautoren und ihre Kritiker. Berliner Programm«, in: St. 4 (1913), S. 17–18, ebenso in: AW 8, S. 15–19. – Lit.: *Žmegač*, S. 299–303.

»Über Roman und Prosa«, in: Marsyas 1 (1917), S. 213–218, ebenso in: AW 23, S. 226–237.

»Bemerkungen zum Roman«, in: NR 28 (1917), S. 410–413, ebenso in: AW 8, S. 19–23. – Lit.: *Žmegač*, S. 303–305.

»Von der Freiheit eines Dichtermenschen«, in: NR 29 (1918), S. 843–850, ebenso in: AW 8, S. 23–32.

»Reform des Romans«, in: NM 3 (1919/20), S. 189–202, ebenso in: AW 8, S. 32–48. – Lit.: *Durzak, M.:* Flake und D. Ein Kapitel in der Geschichte des polyhistorischen Romans, in: GRM 20 (1970), S. 286–305; *Flake, O.:* Über die Stadt des Hirns. Erwiderung auf D.s Reform des Romans, in: NM 3 (1919/20), S. 353–357.

»Bekenntnis zum Naturalismus«, in: TB 1 (1920), S. 1599–1601, ebenso in: AW 23, S. 291–294.

»Goethe und Dostojewski«, in: Ganymed 3 (1921), S. 82–93, Neufassung in: GT 4 (1949), S. 276–282, ebenso in: AW 8, S. 312–321.

»Staat und Schriftsteller« (u. d. T. »Der Schriftsteller und der Staat« als Vortrag auf der Tagung des Schutzverbandes v. 7. 5. 1921), Berlin [1921], ebenso in: AW 8, S. 49–61.

»Der Epiker, sein Stoff und die Kritik«, in: NM 5 (1921/22), S. 56–64, ebenso in: AW 8, S. 335–345.

[»Für und wider Dostojewski«], in: Voss. Ztg. v. 11. 11. 1921, ebenso in: AW 23, S. 331–334.

»Erlebnis zweier Kräfte«, in: Der Feuerreiter 2 (1922), H. 1, S. 1–4, ebenso in: Zeitlupe (unter falschem Titel), S. 215–219.

»Einleitung« zu: H. Heine, Deutschland. Ein Wintermärchen. – Atta Troll. Ein Sommernachtstraum, [1923], S. VII–XVI, ebenso in: AW 8, S. 273–280.

»Bemerkungen zu Berge Meere und Giganten«, in: NR 35 (1924), S. 600–609, ebenso in: AW 8, S. 345–356.

Literatur zu den Essays allgemein: *Blessing*, S. 5–20; *Müller-Salget*, S. 100–115; *Ribbat*, S. 97–107.

Philosophische Schriften:

»Jenseits von Gott!«, in: Die Erhebung, Bd 1 [1919], S. 381–398, ebenso in: AW 23, S. 246–261.

»Buddho und die Natur«, in: NR 32 (1921), S. 1192–1200.

»Die Natur und ihre Seelen«, in: NM 6 (1922/23), S. 5–14.

»Das Wasser«, in: NR 33 (1922), S. 853–858.

»Gotamo«, in: Der Piperbote 1 (1924), S. 61, ebenso in: AW 9, S. 342–343.

Schriften zur Politik und Zeitgeschichte:

»Reims«, in: NR 25 (1914), S. 1717–1722, ebenso in: AW 14, S. 17–25.

»Es ist Zeit!«, in: NR 28 (1917), S. 1009–1014, ebenso in: AW 14, S. 25–33.

»Drei Demokratien«, in: NR 29 (1918), S. 254–262, ebenso in: AW 14, S. 33–44.

»Die Vertreibung der Gespenster«, in: Der Vorläufer, Sonderheft des NM, 1919, S. 11–20, ebenso in: AW 14, S. 71–82.

»Revolutionstage im Elsaß«, in: NR 30 (1919), S. 164–172, ebenso in: AW 14, S. 59–71.

»Landauer«, in: NM 3 (1919/20), S. 215–217, ebenso in: AW 14, S. 98–100.

»Dämmerung«, in: NR 30 (1919), S. 1281–1287, ebenso in: AW 14, S. 109–117.

»Republik«, in: NR 31 (1920), S. 73–79, ebenso in: AW 14, S. 117–126.

»Krieg und Frieden«, in: NM 4 (1920/21), S. 193–207, ebenso in: AW 14, S. 152–169.

»Zion und Europa«, in: NM 5 (1921/22), S. 338–342, ebenso in: AW 23, S. 313–319.

»Der Kapp-Putsch«, in WB 17 (1921), Bd 1, S. 635–636, ebenso in: AW 14, S. 200–201.

»Der deutsche Maskenball«, S. Fischer Verlag, Berlin 1921; Sammelband der zwischen 1919 und 1921 in der ›NR‹ unter dem Pseudonym Linke Poot erschienenen Zeitglossen, im folgenden in der Reihenfolge ihrer ersten Veröffentlichung verzeichnet. – Kannibalisches, in: NR 30 (1919), S. 755–766, ebenso in: AW 15, S. 10–25; Dionysos, in: NR 30 (1919), S. 885–893, ebenso in: AW 15, S. 25–36; Die Drahtzieher, in: NR 30 (1919), S. 1145–1152, ebenso in: AW 15, S. 36–46; An die Geistlichkeit, in: NR 30 (1919), S. 1270–1277, ebenso in: AW 15, S. 47–55; Aphrodite, in: NR 30 (1919), S. 1395–1400, ebenso in: AW 15, S. 65–74; Himmlisches und irdisches Theater, in: NR 30 (1919), S. 1528–1536, ebenso in: AW 15, S. 55–65; Revue, in: NR 31 (1920), S. 261–270, ebenso in: AW 15, S. 74–84; Der rechte Weg, in: NR 31 (1920), S. 521–528, ebenso in: AW 15, S. 84–94; Der deutsche Maskenball, in: NR 31 (1920), S. 642–652, ebenso in: AW 15, S. 94–105; Überfließend von Ekel, in: NR 31 (1920), S. 1322–1329, ebenso in: AW 15, S. 106–114; Hei lewet noch, in: NR 32 (1921), S. 539–547, ebenso in: AW 15, S. 114–124.

Ebenfalls unter dem Pseudonym Linke Poot in der ›NR‹: Der Bär wider Willen, in: NR 30 (1919), S. 1014–1020, ebenso in: AW 14, S. 100–109; Glossen und Fragmente, in: NR 31 (1920), S. 128–136, ebenso in: AW 14, S. 126–138; Der Knabe bläst ins Wunderhorn, in: NR 31 (1920), S. 759–769, ebenso in: AW 14, S. 139–151; Male, Mühle, male, in: NR 31 (1920), S. 874–881, ebenso in: AW 23, S. 273–283; Zwischen Helm und Zylinder, in: NR 31 (1920), S. 985–993, ebenso in: AW 14, S. 170–180; Leidenschaft und Landleben, in: NR 31 (1920), S. 1098–1105, ebenso in: AW 14, S. 180–190; Von einem Kaufmann und einem Yoghi, in: NR 32 (1921), S. 761–768, ebenso in: AW 23, S. 297–306; Ostseeligkeit, in: NR 32 (1921), S. 986–994, ebenso in: AW 23, S. 319–330; Das Nessushemd, in: NR 32 (1921), S. 1101–1108, ebenso in: AW 14, S. 190–198; Neue Jugend, in: NR 33 (1922), S. 1013–1021, ebenso in: AW 14, S. 209–218.

Literatur zu den politischen Schriften: *Brodnitz, H.*, in: BT v. 12. 3. 1922; *Falkenfeld, H.*, in: Die Freiheit v. 25. 12. 1921; *Ferris*, S. 12–14; *Goldstein, M.*: Thomas Mann und Linke Poot, in: Voss. Ztg. v. 29. 1. 1922; *Graber, H.*: Nachw. AW 14, S. 515–525; *Ders.*: Nachw. AW 15, S. 305–310;

Kreutzer, S. 71–81; *Links*, S. 79–83; *Minder 1*, S. 176–178; *Müller-Salget*,
S. 249–252; *Weyembergh-Boussart*, S. 155–161, 181–188; *Wrobel, I.* (=
K. Tucholsky): Der rechte Bruder, in: WB 18 (1922), Bd 1, S. 104–105,
ebenso in: K. T., Ges. Werke, Bd 1, 1960, S. 901–902.

Rezensionen:

Die folgenden, z. T. bereits in ›Zeitlupe‹ und ›Vertrbg. Beyer‹, sodann
geschlossen in ›Theaterber. Beyer‹ und z. T. in AW 23 wiedergedruckten
Rez. wurden sämtlich zwischen 1921 und 1924 für das ›PT‹ geschrieben. Sie
werden hier jeweils nur mit Titel und Datum ihres ersten Erscheinens verzeichnet. – Theater in Berlin (20. 11. 1921); Regie in Berlin (24. 11. 1921);
Der Hahnenkampf von Lautensack u. a. (30. 11. 1921); Gerhart Hauptmann
und Ibsen (16. 12. 1921); Russisches Theater und Reinhardt (20. 12. 1921);
Deutsches und jüdisches Theater (28. 12. 1921); Dramatische Grotesken (8.
1. 1922); Expressionismus, Altertumskunde und Fräulein Alomis (19. 1.
1922); Zwischen Kälte und Nächstenliebe (3. 2. 1922); Großstreik in Berlin
(14. 2. 1922); Ressortverwischung und Premiere (21. 2. 1922); Das Herz und
die Kunst (28. 2. 1922); Brod: Die Fälscher (1. 3. 1922), Aus tiefer Not (21. 3.
1922); Und neues Leben blüht (26. 3. 1922); Mythisches, Amüsantes (30. 3.
1922); Der Gott und die Bajadere (20. 4. 1922); Europäische Krise. Gesang.
Film (28. 4. 1922); Theater (10. 5. 1922); Arnolt Bronnen: Der Vatermord
(17. 5. 1922); Ludwig Fulda: Des Esels Schatten (1. 6. 1922); Sommertheater
in Berlin (15. 6. 1922); Kuriosa aus Deutschland (29. 6. 1922); Toller: Die
Maschinenstürmer (4. 7. 1922); Theaterbeginn (8. 8. 1922); Misera, Toten-
tanz, Hypnose (30. 8. 1922); Starke Schauspieler, dünne Stücke (13. 9. 1922);
Herr Schmidtbonn und Frau Massary (20. 9. 1922); Eduard Stucken und
einige Dilettanten (29. 9. 1922); Der Glanz der Gans! Und nun das Huhn
(7. 10. 1922); Die Palme und einige Gräser (21. 10. 1922); Berliner Premien-
renhausse (3. 11. 1922); Die reine Törin (5. 11. 1922); Shakespeare (19. 11.
1922); Von Berliner Bühnen (29. 11. 1922); Zwischen den Waffen singen die
Musen (7. 12. 1922); Regisseur, Theaterstück, Schauspielerin (19. 12. 1922);
Griffe ins Leben (24. 12. 1922); Eine neue Psychologie von Mann und Weib
(31. 12. 1922); Kubismus auf der Bühne (8. 1. 1923); Theater (18. 1. 1923);
Die Legende eines Lebens und Anderes (30. 1. 1923); Zwei Aufführungen
(7. 2. 1923); Improvisationen im Juni (11. 3. 1923); Die Psychiatrie im
Drama (13. 2. 1923); Die beiden Capeks (22. 2. 1923); Patriotik, Bürger
Schippel, Berliner Allerlei (7. 3. 1923); Der Schatten ohne Esel (14. 3. 1923);
Drei Berliner Aufführungen (22. 3. 1923); Zeitkritisches Drama (4. 4. 1923);
Kreislers Eckfenster. Zur Überwindung des Dramas (11. 4. 1923); Revolu-
tion oder Dekadenz (21. 4. 1923); Gott Pan und ein Dichter (6. 5. 1923);
Unverändert Leben und Theater (25. 5. 1923); Barlach-Hausse (2. 6. 1923);
Frikasse von Berlin (19. 6. 1923); Der Tod des Empedokles (3. 7. 1923);
Deutsches Wirrnis (18. 7. 1923); Kulissen und Natur (31. 7. 1923); Kritischer
Verfassungstag (16. 8. 1923); Pastor Ephraim Magnus (30. 8. 1923); Der
halbentfesselte Tairoff (19. 9. 1923); Überteufel und Tumultuanten (2. 10.

1923); Werfel in Berlin, Čapek in Wien (12. 10. 1923); Eugene O'Neill (17.
10. 1923); Von lebendigen Pflanzen (21. 10. 1923); Die Spannung in Berlin
(30. 10. 1923); Während der Schlacht singen die Musen (11. 11. 1923);
Mensch, det is knorke (22. 11. 1923); Andere Länder, andere Unsitten (6. 12.
1923); Kaiser Jones (13. 1. 1924); Von importierten Theaterstücken (30. 1.
1924); Bluth, Sternheim, Andrejeff (15. 2. 1924); Kolumbus (1. 3. 1924);
Kornfeld: Palme (21. 3. 1924); Chesterton und Karl Kraus (30. 3. 1924);
Arnolt Bronnen: Anarchie in Sillian (2. 4. 1924); Die Nibelungen und
Hinkemann (1. 5. 1924); Theater Vorsommer (25. 5. 1924); Alfons Paquet:
Fahnen (5. 6. 1924); Palästinisches Theater in Berlin (20. 6. 1924); Anzengru-
ber und ein Film (11. 7. 1924); Rückkehr nach Berlin (23. 8. 1924); Gilles und
Jeanne (2. 9. 1924).

Weitere Rezensionen:

Ehrenstein, in: Zeit-Echo 3 (1917), H. 1/2, S. 25–26, ebenso in: AW 23,
S. 224–225; Blendwerk, Feuer und Pharaonen, in: NM 4 (1920/21),
S. 644–646, ebenso in: AW 23, S. 286–291; Metapsychologie und Biologie,
in: NR 33 (1922), S. 1222–1232; Zwei Romane, in: Voss. Ztg. v. 4. 12. 1922;
Psychoanalyse von heute, in: Voss. Ztg. v. 10. 6. 1923, ebenso in: Zeitlupe,
S. 69–73; Praxis der Psychoanalyse, in: Voss. Ztg. v. 28. 6. 1923; Blick auf
die Naturwissenschaft, in: NR 34 (1923), S. 1132–1138; (Linke Poot) Buch-
händlerprospekt, in: BT v. 10. 12. 1923; Robert Musil: Erzählendes, in: BT
v. 3. 2. 1924, ebenso in: AW 8, S. 280–282; (Linke Poot) Don Juan, in: BT
v. 16. 2. 1924; Ostjüdische Erzähler, in: Voss. Ztg. v. 24. 8. 1924; Berliner
Theaternotizen, in: Leipziger Tageblatt v. 20. 9. 1924; Alte Theaterneuigkei-
ten, in Leipziger Tageblatt v. 21. 12. 1924, ebenso in: Vertrbg. Beyer,
S. 372–374.

Kleinere Schriften vermischten Inhalts:

Doktor Döblin, Selbstbiographie von A. D. [wohl 1918 entst.], erstmals:
Friedenauer Presse, 1970, ebenso in: AW 16, S. 11–19; Neue Zeitschriften,
in: NR 30 (1919), S. 621–632, ebenso in: AW 14, S. 83–97; Plakate, in: Voss.
Ztg. v. 1. 7. 1919, ebenso in: AW 23, S. 233–236; Die neue Menschlichkeit,
in: Voss. Ztg. v. 7. 8. 1919, ebenso in: AW 23, S. 236–239; Ruinen, neues
Leben, in: Voss. Ztg. v. 8. 9. 1919, ebenso in: AW 23, S. 239–242; Tod und
Selbstmord, in: Voss. Ztg. v. 20. 9. 1919, ebenso in: AW 23, S. 242–246; Die
Not der Dichter, in: Die Post v. 22. 2. 1920, ebenso in: AW 23, S. 261–262;
Wider die Verleger, in: Melos 1 (1920), S. 323–324, ebenso in: AW 23,
S. 283–286; Zensur oder Kontrolle, in: Voss. Ztg. v. 24. 1. 1921, ebenso in:
AW 23, S. 294–297; Wenn wir rezensiert werden, in: Deutsche Presse 9
(1921), Nr 48, S. 6–7, ebenso in: AW 23, S. 349–353; Der Verrat am
deutschen Schrifttum, in: WB 17 (1921), Bd 2, S. 9–11 (s. auch die Repliken
v. W. Goldbaum u. A. D. auf S. 124–127, 181–183, ebenso in: AW 23,
S. 307–310; Autobiographische Skizze, in: LE 24 (1922), Sp. 782–783,
ebenso in: AW 19, S. 20–21; Berlin und die Künstler [Rundfrageantwort],

in: Voss. Ztg. v. 16. 4. 1922, ebenso in: Zeitlupe, S. 58–59; (Linke Poot) Der dünnflüssige Leim, in: FZ v. 21. 4. 1922; (Linke Poot) Berliner Miniaturen, in: FZ v. 15. 6. 1922; (Linke Poot) Ehebilder, in: FZ v. 14. 7. 1922; Ein neuer Naturalismus [Rundfrageantwort], in: Das Kunstblatt 6 (1922), S. 372, 375; (Linke Poot) Aber die Liebe, in: FZ v. 10. 9. 1922; (Linke Poot) Deutsches Allzudeutsches, in: FZ v. 18. 10. 1922, ebenso in: AW 14, S. 206–209; (Linke Poot) Aus Sibirien, in: FZ v. 10. 12. 1922; Mehrfaches Kopfschütteln, in: L 26 (1923), S. 5–6; (Linke Poot) Der Schmus, in: FZ v. 20. 1. 1923; (Linke Poot) Der hörbare Ruck, in: BT v. 28. 8. 1923, ebenso in: AW 14, S. 231–233; (Linke Poot) Berliner Ehen, in: BT v. 5. 9. 1923, ebenso in: Zeitlupe, S. 63–65; (Linke Poot) Liebe im Büro, in: BT v. 19. 9. 1923; (Linke Poot) Östlich um den Alexanderplatz, in: BT v. 29. 9. 1923, ebenso in: Zeitlupe, S. 60–63; (Linke Poot) Vorstoß nach dem Westen, in: BT v. 7. 11. 1923, ebenso in: Vertrbg. Beyer, S. 255–258; Die abscheuliche Relativitätslehre, in: BT v. 24. 11. 1923; (Linke Poot) Mussolini oder Lenin, in: BT v. 30. 11. 1923; Naturerkenntnis, nicht Naturwissenschaft, in: BT v. 13. 12. 1923; Einfluß der Gestirne auf das deutsche Theater, in: Prager Theaterbuch 1 (1924), S. 84–91; Gesicht der Zeit, in: Hannoverscher Kurier v. 20. 1. 1924; (Linke Poot) Dämon oder krankhafte Verstimmung, in: BT v. 31. 1. 1924, ebenso in: Zeitlupe, S. 74–76; (Linke Poot) Die Moral der Schlager, in: BT v. 12. 2. 1924; (Linke Poot) Die nördliche Friedrichstraße, in: BT v. 28. 2. 1924; (Linke Poot) Ölsardinen, in: BT v. 10. 4. 1924; Über den Schlaf, in: Voss. Ztg. v. 20. 4. 1924; Schriftsteller und Politik, in: Der Schriftsteller 11 (1924), H. 3, S. 13–14, ebenso in: AW 14, S. 233–235; (Linke Poot) Zuviel Todesurteile, in: BT v. 1. 5. 1924; Die Natur und das Kunstwerk, in: BT v. 13. 6. 1924; In die Alpen, in: BT v. 19. 8. 1924; (Linke Poot) Trauertag in Berlin, erstmals in: AW 14, S. 218–222; Blick auf die Ruhraffaire, erstmals in: AW 14, S. 222–226.

Populärmedizinische Artikel:

Die folgenden 14, sämtlich in AW 23 wiedergedruckten Arbeiten entstanden alle 1913/14 für das ›Neue Wiener Journal‹. Sie werden hier jeweils nur mit Titel und Datum ihres ersten Erscheinens verzeichnet. – Die Arterienverkalkung (21. 12. 1913); [Gibt es ein kritisches Alter des Mannes?] (25. 12. 1913); Die Nerven (4. 1. 1914); Die Wirkung des Lichtes auf den Menschen (1. 2. 1914); Leib und Seele (8. 2. 1914); Was sind Stoffwechselstörungen? (15. 2. 1914); Das Leben in einer Irrenanstalt (22. 2. 1914); Die Pflege des Säuglings (25. 3. 1914); Von der menschlichen Selbsterhaltung (12. 4. 1914); Moderne Heilmittel (17. 4. 1914); Kopfschmerzen (21. 5. 1914); Die Geheimnisse des Magens (24. 5. 1914); Der Sinn einer Badereise (30. 6. 1914); Zuckerkrankheit (26. 7. 1914).

4. »Berlin Alexanderplatz« (1924–1933)

Seit Beginn der zwanziger Jahre hatte Döblin sich, möglicherweise
von Yolla Niclas beeinflußt, mit jüdischer Problematik auseinander-
gesetzt und war in Berührung mit Berlins spezifisch jüdischem
Milieu gekommen. Diese von ihm später fast ganz verschwiegenen
Kontakte, die aber vermutlich schon im Zusammenhang mit seiner
journalistischen Tätigkeit für die ›Vossische Zeitung‹, das ›Berliner
Tageblatt‹ und auch das ›Prager Tagblatt‹ standen und sich besonders nach 1933 als äußerst wertvoll erwiesen, erreichten zwischen
1923 und 1925 ihren vorläufigen Höhepunkt. Döblin machte damals
in Berlin, das seit etwa 1922/23 zahllose aus Rußland emigrierte
Juden beherbergte und Hochburg des Zionismus war, die Bekannt-
schaft so profilierter Vertreter des Judaismus wie u. a. *Ben Addir
Rosin, Aaron Syngalowski, Ilja M. Dijour, Isaac N. Steinberg, Jacob
Wolf, Robert Weltsch, Jacob Klatzkin,* hatte Zugang zum Scholem-
Alejchem-Club in der Kleiststraße und hielt im Frühjahr 1924 vor
Zionisten seinen Vortrag »Zionismus und westliche Kultur«. Seine
Haltung gegenüber dem Zionismus blieb jedoch distanziert. Er
warnte vor der geistigen Sterilität und Erstarrung im »Rabbinismus
und der Jahwereligion« und propagierte demgegenüber »eine neue
Religiosität außerhalb der Synagoge«. So schloß er sich an keine der
vielen zionistischen Gruppierungen enger an und war denn auch
befremdet, als man ihm (bald nach progromartigen Ausschreitungen
gegen Juden in der Umgebung der Gollnowstraße am 5./6. Nov.
1923) von zionistischer Seite den Vorschlag einer Palästinareise
unterbreitete. Döblin lehnte das Angebot ab. Statt dessen unternahm er, nachdem er die Sommerferien in der Schweiz verbracht
hatte (trotz seiner erklärten Tourismusfeindlichkeit verließ er von
nun an Berlin regelmäßig zu Ferienreisen), von Ende September bis
Ende November 1924 eine wohl von *Georg Bernhard,* dem Redakteur der ›Vossischen Zeitung‹, vermittelte Reise durch Polen, die ihn
als Erkundungsfahrt zu den unassimilierten Ostjuden und damit
gleichzeitig zu den Ursprüngen der eigenen Persönlichkeit weit
mehr reizte.

Die literarische Frucht dieser Fahrt ist die »Reise in Polen«, deren
erste Vorabdrucke vom 25. Okt. 1924 an in der ›Vossischen Zeitung‹, später in anderen Tageszeitungen und Zeitschriften erschienen und die im November 1925 (vordadiert auf 1926) geschlossen in
Buchform vorlag. Als Sachbuch über Polen, das es freilich nicht ist
und nicht sein sollte, wurde das Werk bei seinem Erscheinen, besonders auch von der jüdischen Kritik, zumeist abgelehnt. Man warf
Döblin seine Unwissenheit in historischen und jüdischen Fragen vor

und beschuldigte ihn subjektivistischer Verzerrungen. Im Gesamtzusammenhang der Entwicklung des Dichters kommt der »Reise in Polen« jedoch hervorragende Bedeutung zu. Sie stellt das unmittelbarste, wenn auch gedanklich noch nicht ausgeführte Dokument einer entscheidenden, von Klaus Müller-Salget als »naturalistische Wende« bezeichneten Akzentverschiebung in Döblins spiritualistischem Weltbild dar. Döblin war in Polen bei aller sonst zwiespältigen Berührtheit von dem Land (nachhaltige Wirkung übte auf ihn der Hochaltar des Veit Stoß in der Krakauer Marienkirche) tief beeindruck von der trotz staatlicher Unterdrückung ungebrochenen irdischen Kraft der religiös gebundenen orthodoxen Juden. Unter diesem Eindruck löste er sich von seinem fatalistisch gefärbten Verständnis des Menschseins als nur passivem, kollektivem Natursein, um erstmals die Auffassung vom Menschen als »Seelenwesen« und geistig handelndem, wollendem »Ich« im Naturplan durchzusetzen.

Ungefähr gleichzeitig mit der »Reise in Polen« und in gedanklicher Parallelität zu deren neuem Ichverständnis entstand der im Dezember 1924 in der ›Neuen Rundschau‹ erschienene wichtigste Aufsatz dieser Phase, »Der Geist des naturalistischen Zeitalters«. Dort entwarf Döblin eine optimistische Zukunftsperspektive der westlichen Zivilisation: deren Weg von einem ersten, hier sehr positiv beurteilten und nur scheinbar ungeistigen Stadium des naturalistischen Zeitalters zu einem notwendig folgenden zweiten, in dem »die seelischen Konsequenzen des Kopernikus« (AW 8, S. 83) gezogen würden.

Die Jahre nach der Polenreise zeigen Döblin in einer beständig zunehmenden Integration ins literarische und gesellschaftliche Leben. Nachdem er schon 1924 der ›Gesellschaft der Freunde des neuen Rußland‹ beigetreten war, wurde er 1926 Mitglied im Schriftstellerverband und gehörte seit ihrer Gründung zur ›Gruppe 1925‹, einer nur locker organisierten »literarisch-politischen Koalition« (L. Kreutzer) kommunistischer und linksliberaler Autoren, die am 2. April 1926 in der ›Roten Fahne‹ ein u. a. von *Johannes R. Becher, Ernst Blaß, Albert Ehrenstein, Willy Haas, Walter Hasenclever, Hermann Kasack* und Döblin unterzeichnetes Manifest veröffentlichten (das darin ausgesprochene Ziel der Gruppe: »die Schriftsteller aus ihrer Isolierung heben« und »das endliche Hervorteten einer Repräsentanz« der »modernen geistesradikalen Bewegung« ermöglichen). Auch an einem Diskussionszirkel um den sozialistischen Reichstagsabgeordneten *Ernst Heilmann* soll Döblin teilgenommen haben.

Seit 1924/25 folgte er sodann ersten Einladungen zu Dichterlesungen und Vorträgen auch außerhalb Berlins (Frankfurt a. M. 1924;

Hamburg, Chemnitz 1925; München, Zürich 1927), begann erste Erfahrungen mit dem Medium Rundfunk zu machen, beteiligte sich von 1926 an bei zahlreichen, von ihm gewöhnlich in unverwechselbar treffsicherer Pointiertheit beantworteten Rundfragen (u. a. in: ›Die literarische Welt‹, ›Berliner Tageblatt‹, ›Vossische Zeitung‹, ›Berliner Börsen-Courier‹) und setzte sich in Protestaktionen u. a. gegen den Hochverratsprozeß Johannes R. Becher und gegen das sogenannte ›Schmutz- und Schundgesetz‹ ein. Besonders den Kampf gegen dieses seit dem 18. Dezember 1926 wirksame Gesetz führte Döblin mit großem Elan und setzte ihn auch nach dessen Annahme, die 1927 Döblins Entfremdung von der SPD zur Folge hatte, im Vorsitz der ›Aktionsgemeinschaft für geistige Freiheit‹ fort. Seit 1929/30 allerdings nuancierte er seine Haltung in der Zensurfrage. Da er zur Überzeugung gelangt war, daß die Kunst als ›ars militans‹ keinesfalls eine Ausnahmestellung im kulturellen Leben einnehmen dürfe, sondern ein Recht darauf habe, angegriffen zu werden und sich zu verteidigen, distanzierte er sich von der ›Aktionsgemeinschaft‹, propagierte, höchst mißverständlich, geradezu die Satisfaktionswürdigkeit von Kunst und lehnte die Teilnahme an einem ›Kampfausschuß gegen die Zensur‹ ab, was ihn indessen keinesfalls daran hinderte, sich gegen konkrete Fälle staatlicher Zensur auch in der Folgezeit immer wieder in aller Schärfe zu engagieren.

Ein engeres Verhältnis entstand damals zu dem ebenfalls der ›Gruppe 1925‹ angehörenden *Bertolt Brecht*. Döblin und Brecht waren sich zuerst etwa 1922 begegnet. Wohl seit 1925 trafen sie sich häufig zu Gesprächen über den Marxismus in der Wohnung *Fritz Sternbergs* am Bülowplatz. Die beiden Dichter, in ihrer streitbaren und skandalfreudigen Art verwandt (März 1926 sorgten sie gemeinsam mit Arnolt Bronnen für einen vielzitierten Skandal bei einer Matinee in Dresden), fanden großen Gefallen aneinander, und Brecht verdankte Döblin entscheidende Anregungen für die Herausbildung seiner eigenen Auffassungen vom epischen Theater. Wiederholt memorierte Brecht, der seit dem »Wang-lun«, »Wallenstein« und »Wadzek« ein aufmerksamer Leser der Bücher Döblins war, welche exemplarische Bedeutung Döblins Beschreibung von Bewegungen großer Menschenmassen, seine Behandlung des Individuums in Massenvorgängen und seine Auffassung von der notwendigen Dezentralisierung des epischen Werks auch für sozialistische Schriftsteller und ihn persönlich gehabt hätten. Über alle bereits damals bestehenden und sich in der Folgezeit verschärfenden ideologischen Differenzen hinweg und trotz gelegentlicher persönlicher Streitigkeiten blieben Döblin und Brecht sich immer in gegenseitiger Achtung verbunden. Mehrmals wurden Döblin später während der Emigrationszeit und noch nach 1945 in kritischer Situation von Brecht Hilfsangebote gemacht. Döblin schätzte an Brecht offenbar jene geistige Beweglichkeit, die er zur gleichen Zeit bei dem alten Jugendfreund *Herwarth Walden,* der sich einem dogmatischen Kommunismus verschrieb und in den dreißiger Jahren in der Sowjetunion ein nie ganz aufgehelltes Ende bei den Säuberungsaktionen unter Stalin fand, so schmerzlich vermißte. Er traf Walden 1926 auf einem Diskussionsabend des ›Aufbau‹ wahrscheinlich zum letztenmal und schrieb anschließend: »Ich habe keine Hoffnung, ihn [...] aus seiner gedanklichen Versteifung herauszuholen. Ich erkenne ihn nicht wieder. Er war sonst nie auf Seite der Unvermögenden. Aber an dem Abend wurde es mir klar: er lebte nicht mehr mit, die proletarische Maske glaube ich ihm nicht« (AW 8, S. 84).

Von großer Unzufriedenheit war Döblin in jenen Jahren über die finanzielle Erfolglosigkeit und die sich darin äußernde elitär beschränkte Wirkung seiner literarischen Tätigkeit erfüllt. Eine etwa 1926 von ihm aufgestellte Bilanz seiner literarischen Einnahmen zeigt, daß ihm 1924 zehn Bücher mit ca. 6200 Exemplaren rund 4500 Mark und 1925 elf Bücher mit ca. 5000 Exemplaren rund 3500 Mark einbrachten. Aus den zwei Darmstädter Aufführungen der »Lusitania« erhielt er 26,45 Mark. Die vielen abschätzigen Bemerkungen dieser Zeit über das Dichtertum und die Versicherung aus dem Jahre 1927, er werde »lieber und von Herzen die Schriftstellerei in einer geistig refraktären und verschmockten Zeit aufgeben als den inhaltsvollen, anständigen, wenn auch sehr ärmlichen Beruf eines Arztes« (AW 8, S. 367), dürften mit dieser Unzufriedenheit zusammenhängen (zudem wurde am 7. Dez. 1926 Döblins vierter Sohn Stephan geboren). Immerhin war Döblins materielle Lage nicht so prekär (Einkünfte aus Praxis und journalistischer Arbeit kamen ja hinzu), als daß er die Sommerferien 1926 nicht an der Côte d'Azur hätte verbringen können. Dort traf er u. a. mit *Ernst Toller,* dem Biologen *Serge Voronoff* und einer Reihe noch später während der Emigrationszeit mit ihm in Verbindung stehenden Franzosen zusammen, von denen L. Huguet den Herausgeber der ›Cahier du Sud‹ *Jean Ballard,* ferner Marcel Brion, Gabriel d'Aubarède, Pierre Humbourg, André Gaillard und G. Bourguet nennt. Diese erste Berührung mit Frankreich bestätigte Döblin einerseits, wie die kurz darauf erschienenen Reiseeindrücke »Ferien in Frankreich« zeigen, in seiner intensiven Fremdheit gegenüber dem Französischen. Sie steht aber auch im Zeichen einer vorsichtigen Hinwendung zu dem aufgeklärten Geist des Landes: »Da tut mir manches, manches in der

Latinität wohl, im Französischen. Übrigens auch im Hellenischen, das mir bis heute noch ganz verschlossen ist« (›Zeitlupe‹, S. 113).

Vermutlich schon während der Frankreichreise begann Döblin die Arbeit an dem dann im wesentlichen nach der Rückkehr nach Berlin entstandenen und im Frühjahr 1927 erschienenen »Manas«. Dieses vielleicht in Anlehnung an *Arno Holz'* »Phantasus« in freien Rhythmen gestaltete Versepos ist das eigenwilligste und esoterischste Werk Döblins überhaupt und seine einzige im ursprünglichen Sinn epische Dichtung. Sie ging aus der Beschäftigung mit der indischen Mythologie hervor und bildet die erste dichterische Vermittlung von Döblins gewandelter, den Einzelmenschen aufwertenden Weltanschauung: »Von hier an datieren die Bücher, welche sich drehen um den Menschen und die Art seiner Existenz« (AW 8, S. 390), schrieb Döblin im »Epilog« von 1948. Den siegreich aus der Schlacht heimgekehrten indischen Königssohn Manas treibt die Identifikation mit dem Schmerz des geschlagenen Feindes auf das Totenfeld. Doch die Kraft der Liebe Sawitris erlöst ihn zu neuem Leben. Vor den Gott Shiwa und schließlich sich selbst geführt, überwindet er in mystischer Preisgabe an die Welt seine hochmütige Individuation, um sich als neuer Mensch von der Qualität eines Halbgottes zum Herren über Leben und Tod aufzuschwingen. – Bereits in »Berge Meere und Giganten« vorgebildete Motive (das Totenfeld, die erlösende Kraft der Liebe, die Personifikation einer anonymen Urmacht) griff Döblin im »Manas« umformend wieder auf. Auch die freirhythmische Verssprache des Epos hatte in der rhythmisierten Prosa einiger Passagen des Gigantenromans schon ihre Vorstufe. Viel augenfälliger als dort aber verließ Döblin hier seinen alten ästhetischen Grundsatz vom »steinernen Stil« des epischen Berichts und ließ auch lyrische und dramatische Elemente in die Dichtung einfließen. *Robert Musil,* mit dem Döblin in den zwanziger Jahren in persönlicher Verbindung stand und dem er 1923 gemeinsam mit Lehmann den Kleist-Preis zugesprochen hatte, rezensierte das Werk im Juni 1927 begeistert im ›Berliner Tageblatt‹. Er wertete es als bedeutendsten Restitutions- und Modernisierungsversuch des Epischen, als den Versuch, dem Epos, dieser »uralten heiligen Schildkröte die Gangart der Gegenwart aufzuzwingen«, hob die »wie zum erstenmal aus dem Gefüge der Prosa hervorgezauberte« Verssprache hervor und erhoffte sich von ihm einen entscheidenden Einfluß auf die Entwicklung der deutschen Dichtung. Bei aller Anerkennung, die der »Manas« auch ansonsten von der Seite der Literaturkritik erhielt, war er indessen ein eklatanter verlegerischer Mißerfolg und blieb ohne jegliche Nachfolge.

Den philosophischen Schlüssel zum Verständnis u. a. des »Manas« (nicht zu Unrecht wurde er als gedichtete Philosophie bezeichnet) lieferte Döblin im gleichen Jahr mit der philosophischen Schrift »Das Ich über der Natur«. Sie geht in ihren Ansätzen auf die Jahre 1921/22 zurück und bildet die grundlegende Darstellung seiner naturphilosophischen Ansichten, wie sie auch noch im späteren »Unser Dasein« gültig blieben. Ihr erster Teil, dessen Gedanken wesentlich schon der Zeit vor der Polenreise angehörten, führt in großer Ähnlichkeit mit *Hegel* und der Identitätsphilosophie *Schellings* die Entfaltung der gesamten räumlich-zeitlichen Welt aus dem einen Punkt eines universellen »Ur-Ichs« oder »Ur-Wesens« vor. Der zweite Teil, der Döblins denkerische Position seit der Polenreise repräsentiert, entwickelt sodann die Lehre von den im Menschen wirksamen Absplitterungen des »Ur-Ichs« (»Natur-Ich«, »Ich als plastisches Zentrum«, »Passions-Ich und Gesellschafts-Ich«, »privates Ich und Aktions-Ich«). Der Mensch wird hier als aktiv an der Realisierung des »Ur-Ichs« beteiligt verstanden, ohne sich allerdings aus der Zugehörigkeit zur Natur lösen zu können. Seine Aufgabe sei die Überwindung der »Prostitution des Denkens in der technisch-industriellen-militärischen Zeit« durch die reine Erkenntnis der geistigen Weltzusammenhänge, denn: »erkennen bewegt und verändert wirklich« (»Das Ich über der Natur«, S. 220). Diese ›erkennen‹ und ›verändern‹ ineinssetzende Ich-Vorstellung ist ihrer subjektiven Intention nach durchaus als synthetische Vermittlung des in den früheren Werken des Dichters waltenden Konflikts Passivität-Aktivität zu betrachten. Objektiv aber vermochte sie den alten Gegensatz nicht zu lösen, weil sie auf einen in sich selbst widersprüchlichen, verinnerlichten Aktionsbegriff »jenseits des Politischen und Gesellschaftlichen« (Kreutzer, S. 121) zielte. Sie war eine auf der Ebene der Spekulation vollzogene abstrakte Konstruktion, die den Menschen bis in den Zustand der potentiellen geistigen Energie zur Veränderung führen konnte, den Umschlag in die verändernde Bewegung aber nicht vollzog und somit über die Funktion einer utopischen Dimension nicht hinausgelangte. Döblin hielt lange, auch in der politischen Diskussion der zur klaren Entscheidung drängenden letzten Jahre der Weimarer Republik, hartnäckig an ihr fest. Erst gegen 1936/37, nachdem er sie noch einmal in seine Konzeption einer jüdischen Erneuerung hineinprojiziert hatte, verwarf er sie enttäuscht als in der historischen Wirklichkeit nicht praktikabel.

Wieviel Gewicht Döblin seinen naturphilosophischen Überlegungen beimaß, geht aus einem Brief an *Ferdinand Lion* vom 3. März 1928 hervor. Sich auf die beiden ihm zum 50. Geburtstag gewidmeten großen Essays von Lion und Oskar Loerke beziehend, schrieb er dort: »ich bin Ihnen – und nun auch Loerke – sehr und wirklich dankbar, daß endlich die philosophische und metaphysische Unterströmung, das Leben meines Lebens, gesehen wurde, und in ihrem Ablauf skizziert wurde« (AW 13, S. 141).

Ein Publikum erreichte »Das Ich über der Natur« ebensowenig wie der »Manas«. Mit beiden Büchern war Döblin in eine ihm peinlich bewußte und sein moralisch schlechtes Künstlergewissen nur noch verstärkende Isolierung geraten. Das Verhältnis zu Samuel Fischer kühlte damals erneut, diesmal bis auf den absoluten Nullpunkt, ab. Wegen des schlechten Absatzes seiner Bücher sperrte Fischer ihm Anfang 1928 die Vorschüsse und war, verärgert obendrein durch Döblins nicht endende diabolische Sticheleien gegen Thomas Mann und Gerhart Hauptmann, ernsthaft entschlossen, sich von ihm zu trennen.

Genugtuung wurde Döblin gleichzeitig von anderer Seite zuteil. Schon bei der Gründung der ›Sektion Dichtkunst‹ der ›Preußischen Akademie der Künste‹ war er als mögliches Akademiemitglied im Gespräch. »Bedenken gegen seine gesellschaftliche Person«, die sich wohl auf seine geradezu programmatische Abwehrhaltung gegenüber aller bloßen Repräsentation bezogen, verhinderten Thomas Mann zufolge jedoch damals seine Aufnahme in einer Körperschaft, deren Ziel eben vor allem die Repräsentation der bürgerlichen Literatur sein sollte. Als die Sektion nun am 10. Jan. 1928 ihre ersten Zuwahlen abhielt, wurde Döblin nach einer notwendig gewordenen Stichwahl mit 15 gegen 4 Stimmen zusammen mit Theodor Däubler, Leonhard Frank, Alfred Mombert und Fritz von Unruh in die Akademie gewählt, eine Ehrung, der er sich nicht verschließen konnte. Die offizielle Aufnahme in die Akademie fand in Gegenwart des Präsidenten der Gesamtakademie *Max Liebermann* in der Festsitzung vom 15. März 1928 statt. Im Anschluß an Däublers Rede »Mein Weg nach Hellas« hielt Döblin bei dieser Gelegenheit seinen 1929 im Jahrbuch der Sektion gedruckten Vortrag »Schriftstellerei und Dichtung«, mit dem er sich nach langer Zeit erstmals wieder zu literaturtheoretischen Fragen äußerte.

Die Kritik von Links und Rechts, der die Wahl in die Akademie ausgesetzt war, zeigte allerdings sogleich, in welcher geistigen Szenerie Döblin sich in den nächsten Jahren zu behaupten haben sollte. Innerhalb der Akademie stieß seine Wahl auf den Widerstand der sich um Erwin Guido Kolbenheyer, Josef Ponten, Wilhelm Schäfer und Emil Strauss formierenden völkisch-nationalen Dichter, die in ihm tatsächlich ihren Hauptgegner bekamen. Außerhalb der Akademie wurde die Wahl von kommunistischer Seite als Aufkündigung der in der ›Gruppe 1925‹ herrschenden Solidarität zwischen linksbürgerlichen und kommunistischen Autoren aufgefaßt und bestätigte die kommunistische Linke in ihrem Streben nach Verselbständigung, das am 19. Okt. 1928 zur Gründung des ›Bundes proletarisch-revolutionärer Schriftsteller Deutschlands‹ führte.

Über seine Vorstellungen von den Aufgaben der Akademie hatte Döblin sich schon vor seiner Wahl im ›Berliner Börsen-Courier‹ vom 25. Dez. 1927 unter dem Titel »Die repräsentative und die aktive Akademie« öffentlich ausgesprochen. Er machte sich keine Illusion über die Wirkungsmöglichkeiten dieses auf dem Grundsatz des Repräsentativen aus heterogensten Elementen erwachsenen Gremiums. Andererseits mochte Döblin der Akademie eine künftige praktische Funktion auch nicht ganz absprechen und propagierte als zu erstrebenden Ausweg und urbane Alternative zum exklusiven »Verein gekrönter Bählämmer«, als den er die Sektion apostrophierte, die Erweiterung der Sektion zur »Akademie für Literatur, oder Schrifttum«. Eine solche allenfalls schien ihm durch »geistige Zentrierung und intensive Diskussion« an einem sichtbaren Ort als Instrument »gegen die Sintflut und Frechheit der Oekonomie« wie auch »zum Kampf für die Denkfreiheit und zum Zurückschrecken der Finstermänner« tauglich (AW 13, S. 135). Sie hätte mit staatlichen Mitteln die Information der Öffentlichkeit zu betreiben, »das Gute und Seltene« in der Kunst zu pflegen, »Kurse für Kritik« einzurichten und »die Verteilung von Preisen, die Erkämpfung von Pensionen« zu ihrer Sache zu machen (AW 13, S. 136).

Döblins Wunsch der Bündelung aller geistigen Kräfte in einer Akademie für Literatur erfüllten sich zwar nicht. Aber auch in der bestehenden Akademie sollte er seine Mitgliedschaft in diesem Sinne als Arbeitsverpflichtung auffassen. Gemeinsam vor allem mit *Heinrich Mann* gehörte er zu den wenigen, die von Anfang an die aktive Aufgabe der Akademie im demokratischen Staat bejahten. Praktisch handelnd war er um die Durchbrechung der gesellschaftlichen Isolierung der deutschen Schriftsteller und die Abwehr nationalistischer Tendenzen bemüht und stellt sich uns heute im Rückblick als der vielleicht größte Aktivposten in der kurzen Geschichte der Sektion dar.

Wie ernst es Döblin mit der aktiven Akademie war, beweisen die konkreten Schritte, die er bereits in den ersten Wochen seiner Akademiemitgliedschaft tat, um den in seiner Akademierede gestreiften Gedanken der Zusammenarbeit von Akademie und Universität zu verwirklichen. Schon am 18. April 1928 unterbreitete er dem Berliner Ordinarius für Germanistik *Julius Petersen* brieflich seine Vorschläge. Am 3. Mai 1928 trafen Döblin, Petersen und Akademiesekretär Loerke sich dann, um weitere Einzelheiten zu besprechen, worauf im Wintersemester 1928/29 an der Berliner Universität mit großem Erfolg eine Serie von sechs Vorträgen prominenter Akademiemitglieder abrollte. Im Rahmen dieser Veranstaltung hielt Döblin am 10. Dez. 1928 vor mehr als tausend Studenten seinen Vortrag »Der Bau des epischen Werks«, der zwei Tage später an gleicher Stelle diskutiert wurde.

Dieser 1929 im Aprilheft der ›Neuen Rundschau‹ und im Jahrbuch der Sektion erschienene Vortrag setzte die in der Akademierede wieder aufgenommene poetologische Beschäftigung fort und bildet das durch Umfang und Systematik wichtigste Stück von Döblins literaturtheoretischen Bemühungen überhaupt. Die Gegnerschaft zum bürgerlichen psychologischen Roman blieb auch hier gewahrt. In wesentlichen Punkten aber ging Döblin nun über seine älteren Thesen hinaus. Er ließ den naturalistischen Grundsatz der »Entselbstung, Entäußerung des Autors« fallen, führte im Rückgriff auf die auktoriale Erzählperspektive der neuzeitlichen europäischen Romantradition den reflektierenden und nach Belieben im epischen Geschehen waltenden Erzähler als notwendiges Element ein und forderte als Konsequenz dieses Schrittes, »im Epischen die Zwangsmaske des Berichts fallen zu lassen« (AW 8, S. 115), um unter Benutzung aller verfügbaren Darstellungsmöglichkeiten einen über den Gattungsstilen stehenden, gleichsam omnipotenten Erzählstil zu begründen: »Wir müssen wieder hin zum frischen Urkern des epischen Kunstwerks, wo das Epische noch nicht erstarrt ist zu der heutigen Spezialhaltung, die wir ganz irrig die Normalhaltung des Epikers nennen. Es heißt meines Erachtens noch hinter Homer gehen« (AW 8, S. 114f.). Die solchermaßen evoluierte Theorie natürlich kam nicht von ungefähr. Sie war bereits Vermittlung seiner gewandelten philosophischen Anschauungen wie auch der gewandelten dichterischen Praxis nicht nur des »Manas«, sondern vor allem des Ende 1928 vermutlich als Manuskript im wesentlichen vorliegenden »Berlin Alexanderplatz«.

Diesem Werk, mit dem man Döblins Namen immer wieder schlechthin identifizierte, galt trotz der vielen anderen Betätigungsfelder zu jener Zeit die Hauptarbeit des Dichters. Der Entstehungsprozeß von »Berlin Alexanderplatz« läßt sich allerdings, da Döblin hierzu kaum eine Mitteilung machte, nur in vagen Umrissen erkennen.

Das im Nachlaß aufbewahrte Manuskript des Romans stellt offenbar eine erste, seit Herbst 1927 entstandene geschlossene Niederschrift des Werks dar. Es enthält bereits die Aufteilung in neun

Bücher, die meisten Symbol- und Parallelgeschichten, die Montagen mit hier zum Teil eingeklebten Zeitungsausschnitten und einige der Großstadtimpressionen, weicht aber, nicht nur im später ganz neu gefaßten Schluß, noch erheblich von der endgültigen Fassung ab. Aus diesem Manuskript wohl las Döblin am 19. März 1928 im Berliner ›Verein der Literaturfreunde‹ und ungefähr zur selben Zeit durch Vermittlung *Gottfried Bermanns* im Grunewalder Haus Samuel Fischers, der von der Konzeption des Buches so beeindruckt war, daß er sich mit Döblin aussöhnte. Schlüsse auf die weitere Entwicklung des Textes lassen zwei Vorabdrucke zu, die aus Anlaß von Döblins 50. Geburtstag im August 1928 erschienen. Der erste, unter dem Titel »Schlacht- und Viehhof« in der ›Literarischen Welt‹ erschienen, brachte Teile des IV. Buches und stimmt noch weitgehend mit dem Marbacher Manuskript überein. Der zweite, der unter dem Titel »Berlin Alexanderplatz. Erzählung« Teile des I. und II. Buches in der ›Neuen Rundschau‹ brachte, steht dagegen der Endfassung schon sehr nahe und deutet darauf hin, daß Döblin damals offenbar mit einer systematischen Überarbeitung der ersten Manuskriptfassung begonnen hatte. Die Integration umgangssprachlicher Elemente ist hier schon weit fortgeschritten und die erstmals auftauchenden Kapitelüberschriften lassen vermuten, daß das gesamte auktoriale Außengerüst des Romans zu jener Zeit schon konzipiert war. Den umfangreichsten Vorabdruck veröffentlichte im Jahr darauf, nachdem sich Monty Jacobs der Aufnahme in die ›Vossische Zeitung‹ widersetzt hatte, die ›Frankfurter Zeitung‹ in 29 Fortsetzungen vom 1. Sept. bis 11. Okt. 1929. Bei diesem Druck handelt es sich um einen für Zeitungsleser zurechtgestutzten Text, der die definitive Schlußfassung enthält, entstehungsgeschichtlich aber ansonsten wahrscheinlich einem viel früheren Stadium zuzuordnen ist. Ihm und einigen anderen unbedeutenderen Vorabdrucken folgte noch im Oktober 1929 unmittelbar die Buchausgabe (Startauflage 10 000), für die Döblin auf Drängen Samuel Fischers den Titel »Berlin Alexanderplatz« durch den Untertitel »Die Geschichte vom Franz Biberkopf« ergänzte.

Bereits im Frühjahr 1928 veröffentlichte Döblin eine Besprechung von *James Joyces* »Ulysses«. Er lernte das Buch in der 1927 erschienenen deutschen Übersetzung von Georg Goyerts wohl Anfang 1928 kennen, zu einem Zeitpunkt, da er nach eigener Auffassung »das erste Viertel« von »Berlin Alexanderplatz« niedergeschrieben hatte. Er bewunderte an dem »Ulysses« die Simultantechnik und nannte ihn einen literarischen »Vorstoß aus dem Gewissen des heutigen geistigen Menschen heraus« (AW 8, S. 290). Den seit Erscheinen des »Alexanderplatz« üblich gewordenen Vorwurf der formalen

Anlehnung an Joyce wies Döblin gleichwohl unter dem Hinweis auf Expressionismus, Dadaismus und seine eigene psychoanalytische Schulung immer entschieden zurück und faßte die Bedeutung, die das Buch von Joyce für ihn hatte, 1932 in die Formel: »es war ein guter Wind in meinen Segeln« (AW 3, S. 507). Tatsächlich läßt sich angesichts der vielen Vorformen der bewußten Erzähltechnik im früheren Werk Döblins über diese Formulierung kaum hinausgehen und kann von einer durch Joyce hervorgerufenen Wende im Romanschaffen Döblins nicht die Rede sein. Interessant ist immerhin, daß das Marbacher Manuskript eben nach jenem »Viertel«, an dem Döblin selbst seine Joyce-Lektüre ansetzt, einen auffälligen Bruch zeigt: Innerer Monolog, erlebte Rede, Montagen mit Zeitungsausschnitten, Fakten, Großstadtimpressionen, die von der zweiten Hälfte des II. Buches an sogleich festes Standardelement der allerersten Niederschrift waren, wurden von Döblin im »ersten Viertel« (oder doch dem, was er wohl darunter verstand) entweder, als nachträgliche Ergänzung klar erkennbar, zwischen dem normalen Zeilenabstand des Manuskripts erst später eingefügt oder fehlen noch ganz. – Auch die Abhängigkeit von der Film-Schnitt-Technik *John dos Passos'*, dessen »Manhattan Transfer« er zur Zeit der Arbeit am »Alexanderplatz« vielleicht kannte, bestritt Döblin.

Thematisch gehört »Berlin Alexanderplatz« direkt neben den »Manas«. Sicher nicht ohne die nach den Mißerfolgen seiner letzten Bücher verständliche geheime Absicht der Popularisierung, übertrug Döblin das Thema von der Überwindung des alten und der Geburt des neuen Menschen aus dem mythologischen Bereich des Versepos auf die konkrete Situation eines Menschen in der modernen Großstadt: Der Transportarbeiter Franz Biberkopf gelangte nach einer Reihe trotzig von ihm provozierter Schicksalsschläge, die ihn nacheinander zum Opfer eines Betrügers machen, ihn seinen rechten Arm und schließlich seine Geliebte kosten, zur Erkenntnis seiner gleichermaßen in verstiegenem Hochmut wie blinder Schicksalsgläubigkeit bestehenden Schuld; im Besitz der Macht des Wissens um seine Stellung in der Welt, beginnt er am Ende ein in seinem weiteren Verlauf nicht mehr gezeigtes Leben als Hilfsportier in einer Fabrik. – Wichtigstes Strukturmerkmal des Romans ist nächst der besonderen didaktischen Rolle des Erzählers vor allem die im Wechsel der verschiedenen Erzählsituationen möglich gewordene Verbindung einer Fülle von Einzelmotiven und Nebengeschichten mit der Haupthandlung zu einem kunstvollen architektonischen Sinngeflecht von Vorausdeutungen, Rück- und Querverweisen, Warnungen, exemplifizierenden Parallelen und symbolischen Überhöhungen, die funktional allemal auf die Hauptgestalt Biberkopf hin zentriert sind. Im Stilistischen entspricht dem eine ebenso große Vielfalt der Sprachschichten, die vom Berliner Dialekt, Versatzstücken aus Liedern, Schlagertexten, Redensarten und Sprichwörtern, Werbeslogans, Stammtischgesprächen, Radioberichten, medizinischer Fachsprache, Politjargon, Journalistendeutsch bis hin zum pathetischen Aufschwung einer rhythmisierten Prosa und den Knittelversen des Schlußkapitels reichen. Die Harmonisierung all dieser, zum Teil im früheren Werk schon vorgeprägten Einzeltendenzen ist es letzten Endes, die »Berlin Alexanderplatz« zu dem gelungensten aller Werke Döblins macht. Der Roman zeigt den Dichter auf der Höhe seines literarischen Könnens.

Obwohl nach dem Erscheinen von »Berlin Alexanderplatz« auch ablehnende Stimmen laut wurden (die um ›Die Linkskurve‹ gesammelten kommunistischen Autoren sahen in ihm eine Verunglimpfung der Arbeiterklasse), wurde das Buch ein überwältigender literarischer wie auch verlegerischer Erfolg. Es führte dazu, daß Döblin erstmals ohne finanzielle Sorgen leben konnte, verschaffte ihm Anerkennung im In- und Ausland und leitete jene kurze Zeitspanne ein, in der das Leben des Dichters auch äußerlich auf dem Höhepunkt stand. Schon am 2. Nov. 1929 schrieb *Herbert Ihering* im ›Berliner Börsen-Courier‹: »Döblin wäre der einzige deutsche Kandidat für den Nobelpreis. Das wäre eine Tat. Sie würde dem ramponierten Preisgedanken plötzlich wieder Berechtigung geben« (»Von Reinhardt bis Brecht«, Bd 2, 1959, S. 447 f.).

1930 wurde die Reihe der zahlreichen Übersetzungen des Buches mit dem Erscheinen der dänischen und niederländischen Ausgabe eingeleitet. 1931 folgte in London und New York die von *Eugene Jolas* besorgte englische Übersetzung. Gemeinsam mit dem Hörspielregisseur *Max Bings* erarbeitete Döblin 1930 eine Hörspielfassung des »Alexanderplatz«, die mit Heinrich George als Biberkopf und unter Mitwirkung von u. a. Döblins Bruder Hugo Döblin am 30. Sept. 1930 in der Berliner Funkstunde urgesendet wurde. Noch weitere Popularität brachte dem Roman die 1931 unter der Regie *Phil Jutzis* von der ›Allianz-Tonfilm‹ vorgenommene Verfilmung (wiederum mit Heinrich George in der Hauptrolle), für die Döblin zusammen mit *Hans Wilhelm* das Drehbuch schuf. Namentlich die Hörspielbearbeitung darf nicht einfach als finanzielle Ausschlachtung des Romans mißverstanden werden, sondern traf ein zentrales kulturpolitisches und wirkungssoziologisches Anliegen Döblins. Das beweist sein schon am 30. Sept. 1929 auf der Kasseler Arbeitstagung ›Dichtung und Rundfunk‹ gehaltenes Referat »Literatur und Rundfunk«, in dem er dem Rundfunk die große Aufgabe antrug, die von ihm längst beklagte Kluft zwischen Literatur und Publikum zuzuschütten und das Publikum mit der vom Buch gelösten, gesprochenen literarischen Sprache in Berührung zu bringen. In den gleichen kulturpolitischen Zusammenhang gehört auch die Rede »Vom alten zum neuen Naturalismus«, die Döblin am 14. Dez. 1929 während einer Gedenkfeier für den am 26. Nov. 1929 gestorbenen *Arno Holz* in der Akademie hielt. In dieser damals viel Befremden und Empörung auslösenden Rede stellte er das heroische Ringen des frühen Holz um den Zugang zur Realität polemisch gegen die immer deutlicher werdende Gefahr einer aus dem Geist der Provinz heraufziehenden Kulturreaktion und erhob seine so mißverstandene Forderung nach der »Beseitigung des Bildungsmonopols« und der »Senkung des Gesamtniveaus der Literatur« (AW 8, S. 145).

1929/30 erwog Döblin kurze Zeit die Möglichkeit, eine Art proletarischen Parallelroman zum »Berlin Alexanderplatz« zu schreiben. Der Vorschlag dazu kam aus der von Döblin ebenso wie von Brecht noch immer besuchten Diskussionsrunde um Fritz Sternberg. Der Plan blieb unausgeführt. Statt dessen griff Döblin eine andere, wohl von *Erwin Piscator* ausgehende Anregung des Zirkels auf und schrieb, in dem Bewußtsein, daß man gegen die Verdummung der nationalsozialistischen Propaganda etwas unternehmen müsse, das Schauspiel »Die Ehe«, das die zerstörende Wirkung des kapitalistischen Wirtschaftssystems auf die menschlichen Beziehungen in Ehe und Familie zeigen soll. Ästhetisch wollte Döblin in dem Stück seine epischen Ideen auf das Theater übertragen, geriet dabei aber in so auffällige Nähe zu den während der gleichen Jahre entstandenen Lehrstücken Brechts und dessen Theorie des epischen Theaters, daß Plagiatgerüchte nicht auf sich warten ließen. Tatsächlich kam es zu einer vorübergehenden Entzweiung mit dem in Angelegenheiten geistigen Eigentums bekanntlich sonst selbst nicht zimperlichen Brecht, der nun pikiert reagierte und zusammen mit anderen Teilnehmern des Sternberg-Kreises in verschiedenen Zeitungen Meldungen lancierte, die auf den entscheidenden Anteils Piscators und Brechts an Idee, dramaturgischem Rahmen, Einführung des Sprechers und dramaturgischem Aufriß des Stückes hinwiesen. »Die Ehe« wurde am 29. Nov. 1930 vom Studio der Münchener Kammerspiele uraufgeführt. Gut zwei Wochen später wurde sie, nach erheblichem Zuspruch des Publikums, wegen ihrer angeblich »kommunistischen Propaganda« von der Münchener Polizei verboten. *Thomas Mann* gehörte zu denen, die ihre Stimme gegen das Verbot erhoben. Auch die Leipziger Aufführung rief die Reaktion auf den Plan. Anläßlich der Berliner Aufführung im Frühjahr 1931 schrieb *Alfred Kerr* im ›Berliner Tageblatt‹ eine vernichtende, aber wohl nicht nur auf Döblin, sondern die gesamte Brecht-Piscator-Richtung gemünzte Kritik und skandierte sein: »Nieder damit! Nieder damit! Nieder damit!«

Neben dem Besuch der Münchener und Leipziger »Ehe«-Premieren unternahm Döblin 1930/31 aus verschiedenen Anlässen noch eine Anzahl weiterer Reisen. Januar 1930 verbrachte er mit seiner Frau einige Ferientage in Prag. Im Frühjahr 1930 wurde er dann als Vertreter der Sektion Dichtkunst in das Kuratorium des Frankfurter Goethe-Preises delegiert, in dem er sich mit aller Kraft für die Verleihung des Preises an *Sigmund Freud* einsetzte und sich damit erfolgreich für die mutigste und dringlichste Preisverleihung verwendete, die eine deutsche Jury damals überhaupt beschließen konnte. An der ersten Sitzung des Kuratoriums nahm Döblin am 29. April 1930 im Frankfurter Römer selbst teil. Der zweiten Sitzung, die am 3. Juli 1930 in Bad Nauheim stattfand, mußte er zu seinem großen Bedauern fernbleiben, begründete aber in einem Schreiben an den Sekretär des Kuratoriums, Alfons Paquet, nochmals sein Votum für Freud. Anfang Juni 1930 war Döblin erkrankt und unterzog sich in Bad Gastein einer Mastdarmoperation, die ihn insgesamt etwa zwei Monate lang aus Berlin entfernte. Zur Nachkur fuhr er im Juli ins Salzkammergut, wo er sich bei *Jakob Wassermann* in Altaussee aufhielt und in Grundlsee möglicherweise mit Sigmund Freud zusammentraf. Der Herbst des Jahres brachte Döblin, nachdem er am 13. August gemeinsam mit dem Jesuiten *Friedrich Mukkermann* an einer Radiodebatte über den Begriff des ›Kulturbolschewismus‹ teilgenommen hatte, Einladungen nach Hamburg und Stettin, wo er aus seinem Werk las. Im Januar 1931 folgte eine elftägige Vorlesungstournee durch das Rheinland.

Ungefähr zur gleichen Zeit verließ Döblin, vermutlich auf Drängen seiner Frau, seine Wohnung in der Frankfurter Allee 340 und zog in den vornehmen Westen der Stadt an den Kaiserdamm 28. Doch vermochte er, nachdem er vierzig Jahre im Berliner Osten gelebt und seit zwanzig Jahren das Ethos des Kassenarztes hoch gehalten hatte, in der neuen Umgebung keine Wurzeln zu schlagen. Er verlor seine Kassenpraxis und empfand den Umzug offenbar schon bald so sehr als Verleugnung seiner eigenen Sache, daß er noch zu Beginn des Jahres 1933 seine Rückkehr in den Osten, diesmal in die Neuköllner Hasenheide, betreiben sollte.

Inzwischen hatten sich Ende 1930 in der Akademie die ideologischen Spannungen zugespitzt und die Sektion für Dichtkunst in eine Krise gestürzt. Unerwartet öffnete sich jedoch durch den Austritt von Kolbenheyer, Wilhelm Schäfer und Emil Strauss die Möglichkeit eines Neubeginns der Sektionsarbeit unter Führung der republikanischen Kräfte. Döblin erkannte diese Chance am klarsten und ergriff die Initiative zu einem neuen Kurs der Sektion. Mit seinem am 25. Jan. 1931 in der ›Vossischen Zeitung‹ erschienenen Artikel »Bilanz der Dichterakademie«, in dem er den Völkischen das berühmt gewordene Wort der »Herren vom all zu platten Land« entgegenschleuderte, legte er ein öffentliches, weltanschaulich begründetes Bekenntnis zur Republik ab. In der Hauptversammlung der Sektion vom 27. Jan. 1931, in der Heinrich Mann und Ricarda Huch zu den neuen Vorsitzenden gewählt wurden, warf er dann wiederum die für ihn zentral stehende Weltanschauungsfrage auf, stellte aus ihr heraus erneut die Arbeitsfrage der Sektion und beantwortete sie mit einem konkreten Fünfpunkteprogramm, das die Richtung festlegte, in der die Sektion während der letzten beiden Jahre ihres Bestehens wirkte: »1. Unbedingter Schutz der Geistesfreiheit, 2. Legislatorische Aufgaben. 3. Einfluß auf die Jugenderziehung in kulturwichtigen Dingen. 4. Hinausgehen über das formal Ästhetische und Anerkennung aller lebendig wirksamen Geistigkeit ohne Verkleisterung der vorhandenen Gegensätze. 5. Prinzipielle Heranziehung als Sachverständige bei Gerichtsverhandlungen« (Protokoll der Sektionssitzung v. 27. Jan. 1931, nach: Inge Jens, »Dichter zwischen rechts und links«, 1971, S. 134). Seit Oktober 1931 gehörte Döblin, am 8. Okt. 1931 für drei Jahre gewählt, dem Senat der Akademie an.

Außer der Buchausgabe der »Ehe« brachte das Jahr 1931 keine weiteren dichterischen Arbeiten, wohl aber das Erscheinen des wichtigen philosophisch-politischen Traktats »Wissen und Verändern«. Er entstand seit Sommer 1930 aus zunächst im ›Tagebuch‹ veröffentlichten offenen Briefen an den damaligen Bonner Studenten *Gustav René Hocke,* der sich mit der Bitte um geistige Orientierungshilfe an Döblin gewandt hatte. Döblin, der damals nachweislich an dem zwischen 1929 und 1933 während der Wintermonate abgehaltenen ›Studienzirkel Kritischer Marxismus‹ des bürgerlichen Marxisten *Karl Korsch* teilnahm, benutzte die Gelegenheit zu einer grundsätzlichen, vor allem auch gegen die kommunistischen Autoren der ›Linkskurve‹ gerichteten Standortzuweisung der deutschen Intellektuellen. Er war der Ansicht, daß der Platz der Intellektuellen nach dem Verrat des Bürgertums an den alten bürgerlichen Freiheitsideen zwar nur an der Seite der Arbeiterschaft sein könne; doch wies er die einseitig auf einen ökonomischen Sozialismus zielende marxistische Praxis des Klassenkampfes ab und zog sich auf eine vor bzw. über aller konkreten Aktion stehende abstrakte, im politischen Geschehen der beginnenden dreißiger Jahre wirkungslos bleibende Position zurück: »die urkommunistische der menschlichen individuellen Freiheit, der spontanen Verbindung der Menschen, des

Widerwillens gegen Neid, Haß, Barbarei und Krieg! (AW 15, S. 142). Die Schrift löste eine von sehr verschiedenen ideologischen Standpunkten her geführte, hauptsächlich in der ›Linkskurve‹ und der ›Neuen Rundschau‹ vorgetragene Diskussion aus, die freilich eher dazu taugte, die Fronten zu verfestigen als sie, wie beabsichtigt, aufzuweichen und zu mobilisieren. Döblin setzte diese Aussprache aus eigener Initiative in privatem Kreis fort und sammelte damals eine Gruppe gleichgesinnter Menschen (u. a. Heinz Gollong, Viktor Zuckerkandl, Oskar Loerke, Walter H. Perl) um sich, die sich von Mai 1931 bis Februar 1933 jeweils an Donnerstagabenden in seiner Wohnung traf. Als die Gruppe jedoch 1932 noch in letzter Minute mit einem Manifest an die Öffentlichkeit treten und so in die politische Auseinandersetzung eingreifen wollte, blieb Döblin unentschlossen und es versandete der Versuch der Aktivierung im Privaten.

Zwei größere Arbeiten entstanden noch, bevor Döblin Deutschland verlassen mußte. 1932 erschien unter dem Titel »Giganten. Ein Abenteuerbuch« eine umgearbeitete Fassung von »Berge Meere und Giganten«; der wuchernde Stil der Erstfassung von 1924 wurde hier, u. a. um dem Buch einen größeren Leserkreis zu gewinnen, bis zur Sterilität gebändigt und der Inhalt unter dem Gesichtspunkt der seit 1924 entwickelten positiven Auffassung von der Technik als einer notwendigen Übergangsphase zu einer neuen geistigen Epoche umgestaltet. Im April 1933, gerade rechtzeitig zur Bücherverbrennung der Nazis (von ihr blieb nur der »Wallenstein« ausgenommen) und daher damals ohne jegliche Wirkung bleibend, kam das seit etwa 1928 entstandene große philosophische Werk »Unser Dasein« heraus; es führt die Gedanken von »Das Ich über der Natur« weiter aus, wendet sie aber nun, wobei dem Begriff der ›Resonanz‹ zentrale Bedeutung zufällt, auch auf konkrete Einzelbereiche wie die der Kunst und des Judenproblems an.

Inzwischen überschlugen sich durch die Machtergreifung Hitlers und den folgenden schnellen Zusammenbruch der Sektion für Dichtkunst Anfang 1933 die äußeren Ereignisse. Am 15. Februar fand die letzte von Döblin besuchte Gesamtsitzung der Akademie statt, die den von nationalsozialistischer Seite erzwungenen Rücktritt *Heinrich Manns* als Vorsitzendem der Sektion für Dichtkunst brachte. Nachdem Döblin kurz zuvor noch in der Affäre der völkischen Literaturgeschichte *Paul Fechters* eine verhängnisvoll zögernde Haltung einnahm, um die Sektion nicht zu gefährden, ließ er auf dieser Sitzung alle taktischen Erwägungen fahren und forderte für Heinrich Mann, wenn auch vergeblich, die Möglichkeit, vor der Akademie frei zu sprechen und alle Gegensätze offen auszutragen.

Am 20. Februar 1933 nahm Döblin dann an der letzten internen Sektionssitzung teil, in der eine Protesterklärung zum Fall Heinrich Mann aufgesetzt wurde, die möglicherweise über ihn (er wies den Vorwurf der Indiskretion aber ab) an die Presse gelangte. Acht Tage später, am Tag nach dem Reichstagsbrand, verließ er auf Drängen von Freunden Berlin. Er fuhr mit dem Zug über Stuttgart nach Konstanz, wo er zu Fuß die Grenze zur Schweiz überquerte.

Zur Biographie

Selbstzeugnisse: Arzt und Dichter, in: AW 8, S. 365–367, ebenso in: AW 19, S. 28–29; Erfolg. Ein Umzug und seine Folgen, in: Fortschritte der Medizin 51 (1933), S. 122–124; Ökonomisches aus der Literatur, SNM; Ich prüfe und befrage mich (aus: »Schicksalsreise«), in: AW 19, S. 211–213; Journal 1952/53, in: AW 19, S. 435–539 (passim); Briefe, in: AW 13, S. 126–172.

Literatur: *Graber, H.*, in: Nachw. AW 13, S. 670–671; *Huguet 1*, Bd 1, S. 74–93, 98–101, 216–221; *Huguet 3*, S. 77–106; *Jens, I.:* Dichter zwischen rechts und links, 1971 (s. Register); Katalog *Meyer*, S. 24–34, 188–338; *Müller-Salget*, S. 267–269; *Schröter 2*, S. 83–118; *Weyembergh-Boussart*, S. 119–130; *Wulf, J.:* Literatur und Dichtung im Dritten Reich, 1963 u. 1966 (s. Register).

Zum 50. Geburtstag: *Blaß, E.*, in: Königsberger Allg. Ztg. v. 3. 8. 1928; *Elster, H. M.*, in: Hannoversches Tageblatt v. 10. 8. 1928; *Guillemin, B.*, in: BBC v. 10. 8. 1928; *Heynen, W.*, in: Preussische Jbb., Bd 213 (1928), H. 3, S. 362–366; *Kasack, H.*, in: LW 4 (1928), Nr 32, S. 1–2; *Kayser, R.*, in: BT v. 9. 8. 1928; *Müno, K.*, in: Deutsche Allg. Ztg. v. 10. 8. 1928; *Stroh, H.*, in: Berliner Börsenztg. v. 9. 8. 1928; *Wenzig, E.*, in: L 31 (1928/29), S. 407; *Zweig, A.*, in: Jüdische Rundschau 33 (1928), S. 454.

Literarische Tätigkeit 1924–1933

»Reise in Polen«

Entstehung: Polen, Berlin 1924/25. – Handschrift: Unvollst. Ms., Vorarbeiten u. Materialien, SNM. – Druck: S. Fischer Verlag, Berlin 1926, ebenso: AW 12; zahlr. Vorabdrucke vor allem in Voss. Ztg. u. NR. – Literatur: *Albin, M.*, in: DR 52 (1926), S. 82–84; *Blaß, E.*, D.s Polenbuch, in: NR 37 (1926), Bd 2, S. 334–335; *Bloch, H.:* Die Reise zu den Juden, in: Jüdische Rundschau 31 (1926), Nr 6, S. 44; *Dempf, A.:* Die Realität des Leidens, in: Zeitwende 40 (1969), S. 347–348; *Euringer, R.*, in: SL 28 (1927), S. 270; *Goldstein, M.*, in: Voss. Ztg. v. 28. 2. 1926; *Graber, H.:* Nachw. AW 12, S. 349–372; *Hayduck, A.*, in: Der Oberschlesier 10 (1928), S. 163–165; *Hoyer, F.*, in: Hefte für Büchereiwesen, Bd 12 (1927/28), S. 194–196; *Kreutzer*, S. 100–107; *Links*, S. 108–110; *Müller-Salget*, S. 232–235; *Prangel, M.:* Reise in Polen. A. D.s humane Entscheidung, in:

Levende Talen (Groningen), Nr 272 (1970), S. 694–709; *Rauschning, H.,* in: Deutsche Blätter in Polen 3 (1926), S. 142–143; *Roth, J.:* D. im Osten, in: FZ v. 31. 1. 1926; *Sternbach, H.,* in: L 28 (1925/26), S. 377–378; *Tumler, T.,* in: Literatur und Kritik 1969, S. 187; *Walter, H. A.:* Ein Wendepunkt, in: FH 24 (1969), S. 883–884; *Weyembergh-Boussart,* S. 192–195, 204–210; *De Wit, A.,* in: De Nieuwe Rotterdamse Courant v. 31. 7. 1926; *Załubska, C.:* Polen nach dem I. Weltkrieg in den Augen eines deutschen Schriftstellers, in: Studia Germanica Posnaniensia 5 (1976), S. 29–35.

»Manas«. Epische Dichtung
Entstehung: Berlin 1926. – Handschrift: unvollst. Ms. (z. T. in versch. Fassungen), Materialien, SNM. – Druck: S. Fischer Verlag, Berlin 1927, ebenso: AW 4. – Selbstzeugnis: Epilog, in: AW 8, S. 389–390, ebenso in: AW 19, S. 444–445.
Rezensionen und kurze Einführungen zum »Manas«:
Bachmann, H., in: Germania v. 19. 5. 1927; *Brand, G. K.,* in: L 29 (1926/27), S. 666; *Dworschak, H.,* in: Freie Welt 8 (1927), S. 93; *Eggebrecht, A.:* Was arbeiten Sie? in: LW 2 (1926), Nr 6, S. 1; *Ders.,* in: LW 3 (1927), Nr 24, S. 5; *Einsiedel, W. v.,* in: SL 29 (1928), S. 33–34; *Goldstein, M.:* Menschen, Götter und Dämonen, in: Das Blaue Heft 9 (1927), S. 324–327; *Horst, K. A.:* Tot gewesen! Wiedergekommen! in: FAZ v. 27. 1. 1962; *Landsberger, F.,* in: NR 38 (1927), Bd 2, S. 97–102; *Loerke, O.,* in: Voss. Ztg. v. 24. 5. 1927; *Minder 1,* S. 169–170; *Muschg,* S. 123–124; *Musil, R.,* in: BT v. 10. 6. 1927, ebenso in: AW 4, S. 375–381; *Rockenbach, M.:* Zur Wiedergeburt des Versepos in der Dichtung der Gegenwart, in: Orplid 5 (1929), H. 11/12, S. 44–46; *Sander, H.-D.:* Souverän und Untertan zugleich, in: Die Welt v. 3. 2. 1962; *Schunke, H.,* in: Breslauer Ztg. v. 29. 7. 1927; *Zucker, W.,* in: WB 23 (1927), Bd 1, S. 832–833.
Untersuchungen zum »Manas«:
Blessing, passim; *Elshorst,* S. 54–60; *Ferris,* S. 39–44; *Graber; Ders.:* Zum Stil des Manas, in: TK, S. 32–41; *Links,* S. 110–112; *Loerke,* S. 596–601; *Kobel,* S. 223–250; *Kort,* S. 63–71; *Kreutzer,* S. 109–114; *Martini,* S. 343–345; *Muschg, W.:* Nachw. AW 4, S. 382–398; *Schueber, H. J.:* Initiatory pattern and symbols in A. D.s »Manas« and Hermann Kasacks »Die Stadt hinter dem Strom«, in: German Life & Letters 24 (1970/71), S. 182–192; *Weyembergh-Boussart,* S. 155–161, 181–188.

»Berlin Alexanderplatz. Die Geschichte vom Franz Biberkopf«
Entstehung: Berlin, Ende 1927–1929. – Handschrift: nicht ganz vollst. Ms. der ersten Gesamtniederschrift (streckenweise mit eingeklebten Zeitungsausschnitten montiert), Materialien, SNM. – Lit. z. Ms. u. Entstehung: *Becker,* S. 160–177; *Beyer, M.:* Die Entstehungsgeschichte von A. D.s Roman Berlin Alexanderplatz, in: Wissenschaftl. Ztschr. der Friedrich-Schiller-Universität Jena, Gesellschafts- u. Sprachwissenschaftl. Reihe 20 (1971), S. 391–423; *Müller-Salget,* S. 290–293; *Ders.:* Zur Entstehung von D.s Berlin Alexanderplatz, in: Prangel, S. 117–135; *Stauffacher, W.:* Bemerkungen zur Entstehung von A. D.s Roman Berlin Alexanderplatz, in: Études Germaniques 31 (1976), S. 189–191; *Stenzel,*

J.: Mit Kleister und Schere, in: TK, S. 41–44. – Druck: S. Fischer Verlag, Berlin 1929, ebenso: Berlin (Ost) 1955, ebenso: AW 3; fast vollst., doch ein früheres Stadium der Entstehungsgeschichte repräsentierender Vorabdruck in: FZ v. 1. 9. 1929–11. 10. 1929. – Erste Übersetzungen: Berlin Alexanderplatz, Kopenhagen/Oslo 1930; Franz Biberkopf's zondeval, Utrecht 1930, 1963; Alexanderplatz, Berlin, New York/London 1931, New York 1960; Berlin Alexanderplatz, Mailand 1931; Berlin, Plaza de Alejandro, Madrid 1932; Berlin Alexanderplatz, Paris 1933; Berlin Alexanderplatz, Budapest 1934; Beraettelsem om Franz Biberkopf, Stockholm 1934; Berlin Aleksanerplac, Moskau 1935, 1961; Berlin Alexandrovo Namĕsti, Prag 1935, Bratislava 1965; Berlin Alexanderplatz, Warschau 1959; – Selbstzeugnisse: Mein Buch Berlin Alexanderplatz, in: Der Lesezirkel (Zürich) 19 (1932), S. 70–71, ebenso in: AW 3, S. 505–507; Nachwort zu einem Neudruck, in: AW 3, S. 507–509; Epilog, in: AW 8, S. 390–391, ebenso in: AW 19, S. 445; Brief an J. Petersen (18. 9. 1931), in: AW 13, S. 165–166 (all diese Selbstzeugnisse auch in: Prangel) – Hörspiel: Ursendung am 30. 9. 1930 in der Funkstunde Berlin, Regie M. Bings, mit H. George, H. Körber, H. H. Twardowski sowie u. a. D.s Bruder H. Döblin; Sendung der Neubearbeitung v. W. Weyrauch am 13. 10. 1959 im Südwestfunk; Hörspieltext in: Frühe Hörspiele. Sprich, damit ich dich sehe, Bd 2, hrsg. v. H. Schwitzke, 1962, S. 21–58, ebenso: Stuttgart 1976, ebenso in: Prangel, S. 199–236. – Lit. z. Hörspiel: *Anonym:* Sprachsteller – nicht Schriftsteller, in: Neue Zürcher Ztg. v. 2. 4. 1964; *Schwitzke, H.:* Frühe Hörspiele. Sprich, damit ich dich sehe, Bd 2, 1962, S. 12–13. – Film: 1931 v. Phil Jutzi mit H. George als Biberkopf verfilmt (Allianz-Tonfilm), Drehbuch v. A. D. u. H. Wilhelm; Fernsehfilm 1980 v. Rainer Werner Fassbinder mit G. Lambrecht als Biberkopf, ferner u. a. G. John, H. Schygulla, B. Sukowa, E. Trissenaar. – Lit. z. Film: *Arnheim, R.,* in: WB 27 (1931), Bd 2, S. 572–573; *Eder, K.:* Ich will doch nur, daß Ihr mich liebt, in: Westermanns Monatshefte (1980), H. 11, S. 6–13; *Fassbinder, R. W.:* Der Film Berlin Alexanderplatz. Ein Arbeitsjournal von R. W. F. und Harry Baer, 1980; *Ihering, H.,* in: BBC v. 9. 10. 1931, ebenso in: H. I., Von Reinhard bis Brecht, Bd 3, 1961, S. 367–369; *Kantorowicz, A.,* in: LW 7 (1931), Nr 42, S. 7; *Kracauer, S.:* Literarische Filme, in: NR 42 (1931), S. 859–860; *Schober, S.:* Man guckt in eine Zeit, in: Süddt. Ztg. v. 26./27. 9. 1970; *Seidler, E.:* Biberkopf in der Natur, in: Das Flugblatt 1 (1932/33), S. 390–394; *Zerges, C.:* Die TV-Serie Berlin Alexanderplatz von Rainer Werner Fassbinder. Dokumentation u. Analyse eines Rezeptionsprozesses, in: Siegener Periodicum zur Internationalen Empirischen Literaturwissenschaft 2 (1983), S. 137–181.

Rezensionen und kurze Einführungen zum »Berlin Alexanderplatz«: *Akkerknecht, E.,* in: Bücherei und Bildungspflege 9 (1929), S. 454–455; *Anonym,* in: TLS v. 20. 3. 1930 u. 17. 12. 1931; *Bab, J.:* Hauptmann und D., in: Die Hilfe 36 (1930), S. 18–20; *Ders.,* in: Der Morgen 5 (1930), S. 642–644; *Becher, J. R.:* Einen Schritt weiter!, in: Die Linkskurve 2 (1930), Nr 1, S. 1–5; *Benjamin, W.:* Krisis des Romans; in: Die Gesellschaft 7 (1930), Bd 1, S. 562–566, ebenso in: W. B., Gesammelte Schriften, Bd III, 1972, S. 230–236; *Bin Gorion, E.,* in: Neue Revue 3 (1931),

S. 199–204; *Blei, F.*, in: Der Querschnitt 9 (1929), S. 826; *Britten, F. H.*, in: New York Herald Tribune v. 13. 9. 1931; *Daiber, H.*, in: Deutsche Ztg. v. 4. 11. 1961; *Dehn, G.*: Hammerschläge gegen das Ich, in: Eckart 6 (1930), S. 122–126; *Eggebrecht, A.*: A. D.s neuer Roman, in: LW 5 (1929), Nr. 45, S. 5–6; *Ders.*: Zu D.s Erfolg, in: WB 26 (1930), Bd 1, S. 208–211; *Engel, F.*, in: C.-V.-Ztg. 8 (1929), S. 685–686; *Frisch, E.*, in: FZ v. 29. 12. 1929; *Haas, W.*, in: NR 40 (1929), Bd 2, S. 835–843; *Hermsdorf, K.*: Nachw. Berlin Alexanderplatz, Verlag Rütten und Loening, Berlin 1963, S. 527–542; *Herwig, F.*, in: Hochland 27 (1929/30), Bd 1, S. 263–264; *Hohoff, C.*, in: Süddt. Ztg. v. 30. 9. 1961; *Hutchison, P.*, in: New York Times v. 13. 9. 1931; *Ihering, H.*, in: BBC v. 19. 12. 1929; *Jahnn, H. H.*, in: Der Kreis 6 (1929), S. 735; *Lange, J. M.*: Diagnose des Verfalls, in: NDL 4 (1956) H. 5, S. 132–136; *Lion, F.*: Geheimnis des Kunstwerks, 1932, S. 68–70; *Martini*, S. 345–348; *Michel, W.*, in: SL 31 (1930), S. 181–182; *Muckermann, F.*, in: Der Gral 25 (1930/31), S. 137–139; *Muschg, W.*, in: Schweizerische Monatshefte 10 (1930/31), S. 48–49; *Neukrantz, K.*, in: Die Linkskurve 1 (1929), Nr 5, S. 30–31; *Olden, B.*, in: TB 10 (1929), S. 1880–1882, 1887–1888; *Rang, B.*, in: Hefte für Büchereiwesen 13 (1929), S. 538–540; *Sander, H.-D.*, in: Die Welt v. 8. 4. 1961; *Schulte ten Hoevel, F.* (d. i. Erik Reger), in: Der Scheinwerfer 3 (1929), H. 12, S. 17–20; *Sochaczewer, H.*, in: BT v. 18. 10. 1929; *Stang, S.*, in: Stimmen der Zeit 61 (1931), S. 77–78; *Strecker, K.*, in: Velhagen und Klasings Monatshefte 44 (1929/30), S. 572–573; *Wolf, F.*: Dokumente der Zeit, in: L 32 (1929/30), S. 194–195; *Wyss, H. A.*, in: Neue Zürcher Ztg. v. 8. 11. 1929.

Untersuchungen zum »Berlin Alexanderplatz«:

Anders, G.: Der verwüstete Mensch, in: Festschr. G. Lukács, hrsg. v. F. Benseler, 1965, S. 420–442; *Baden*, S. 177–191; *Bance, A. F.*: A. D.s Berlin Alexanderplatz and literary modernism, in: Weimar Germany: writers and politics, hrsg. v. A. F. B., Edinburgh 1982; *Bayerdörfer, H.-P.*: Der Wissende und die Gewalt, in: DVjs. 44 (1970), S. 318–353, ebenso in: Prangel, S. 150–185; *Ders.*: A. D.: Berlin Alexanderplatz (1929), in: Deutsche Romane des 20. Jahrhunderts. Neue Interpretationen, hrsg. v. P. M. Lützeler, 1983, S. 148–166; *Becker; Best, O. F.*: Zwischen Orient und Okzident: Döblin und Spinoza. Einige Anmerkungen zur Problematik des offenen Schlusses von Berlin Alexanderplatz, in: Colloquia Germanica 12 (1979), S. 94–105; *Blesi; Bodensiek, H.*: Wiedersehen auf dem Alex, in: Die Pädagogische Provinz 5 (1961), S. 361–370; *Bohnen, K.*: Erzähler aus mystischer Erinnerung. Ein Versuch zu D.s Berlin Alexanderplatz, in: Jb. der deutschen Schillergesellschaft 28 (1984), S. 446–460; *Casey*, S. 637–638, 644–654; *Dollenmayer, D. B.*: An urban montage and its significance in D.s Berlin Alexanderplatz, in: GQ 53 (1980), S. 317–336; *Duytschaever, J.*: Eine Hebbelsatire in D.s Buch Berlin Alexanderplatz, in: Études Germaniques 24 (1969), S. 536–552; *Ders.*: A. D.s Aischylos-Rezeption. Zur Funktion der Orest-Parodie in Berlin Alexanderplatz, in: Revue de littérature comparée 53 (1979), S. 27–46; *Ehrlich, G.*: Der kaleidoskopische Stil von D.s Berlin Alexanderplatz, in:

Monatshefte 26 (1934), S. 246–253; *Elshorst*, S. 61–76; *Ferris*, S. 76–87; *Grah, D.:* Bänkelsängerische Elemente in D.s Berlin Alexanderplatz, in: Acta Neophilologica 5 (1972), S. 45–59; *Ders.:* Das Zeitgerüst in Döblins Roman Berlin Alexanderplatz, in: Acta Neophilologica 11 (1978), S. 15–28; *Hachmoeller; Harst; Hauer, B. E.:* Violence et criminalité dans »Les hommes de bonne volonté« et »Berlin Alexanderplatz«, in: Rivista di letterature moderne e comparate 38 (1985), S. 75–96; *Hülse, E.:* A. D. Berlin Alexanderplatz, in: Möglichkeiten des modernen deutschen Romans, hrsg. v. R. Geissler, 1962, S. 45–101; *Jaehner; Jennings*, S. 132–179; *Jens, W.:* Statt einer Literaturgeschichte, 1957, S. 54–57, ⁵1962, S. 46–49; *Kaemmerling, E.:* Die filmische Schreibweise. Am Beispiel A. D.: Berlin Alexanderplatz, in: JbIG 5 (1973), H. 1, S. 45–61, überarbeitet in: Prangel, S. 185–198; *Kähler, H.:* D.s Berlin Alexanderplatz. D.s Naturphilosophie und der Roman, in: Weimarer Beiträge 28 (1982), S. 228–246; Katalog *Meyer*, S. 233–278; *Kaufmann*, S. 435–438; *Keller*, S. 140–227; *Kelsch, W.:* D.s Roman Berlin Alexanderplatz auf der Oberstufe, in: DU 20 (1968), H. 1, S. 24–42; *Kimber*, S. 197–223; *Klotz, V.:* Agon Stadt. A. D.s Berlin Alexanderplatz, in: V. K., Die erzählte Stadt, 1969, S. 372–418; *Komar, K.:* Technique and structure in A. D.s Berlin Alexanderplatz, in: GQ 54 (1981), S. 318–334; *Kobel*, S. 251–288; *Kort*, S. 72–83; *Kreutzer*, S. 114–123; *Lide; Links*, S. 113–138; *Mader*, S. 187–230; *Martini, F.:* A. D. Berlin Alexanderplatz, in: F. M., Das Wagnis der Sprache, 1954, S. 336–372; *Mieder, W.:* Das Sprichwort als Ausdruck kollektiven Sprechens in A. D.s Berlin Alexanderplatz, in: Muttersprache 83 (1973), S. 405–415. *Minder 1*, S. 170–176; *Möhrmann, R.:* Biberkopf, was nun? Großstadtmisere im Berliner Roman der präfaschistischen Ära. Dargestellt an A. D.s Berlin Alexanderplatz und Hans Falladas Kleiner Mann – was nun? in: Diskussion Deutsch 9 (1978), S. 133–151; *Müller-Salget*, S. 286–356; *Muschg*, S. 124–126; *Ders.:* Nachw. AW 3, S. 509–528, ähnlich in: W. M., Von Trakl zu Brecht, 1961, S. 219–243; *Nef, E.:* Die Zufälle der Geschichte vom Franz Biberkopf, in: WW 18 (1968), S. 249–258, ebenso in: E. N., Der Zufall in der Erzählkunst, 1970, S. 97–108; *Regensteiner*, S. 133–171; *Reid, J. H.:* Berlin Alexanderplatz – a political novel, in: German Life and Letters 21 (1967/68), S. 214–223; *Scherer, H.:* Individuum und Kollektiv in D.s Roman Berlin Alexanderplatz, in: Das literarische Leben in der Weimarer Republik, hrsg. v. K. Bullivant, 1978, S. 146–163; *Schmidt-Henkel*, S. 180–187; *Schöne, A.:* A. D. Berlin Alexanderplatz, in: Der deutsche Roman, hrsg. v. B. v. Wiese, Bd 2, 1963, S. 291–325; *Schoonover; Schröter 1*, S. 94–99; *Schröter 2*, S. 93–114; *Schweppenhäuser, G.:* Epik des Zerfalls. Anmerkungen zu A. D.s Berlin Alexanderplatz, in: kürbiskern 1985, H. 1, S. 132–141; *Seidler-v. Hippel, E.:* D. Berlin Alexanderplatz, in: Die Pädagogische Provinz 17 (1963), S. 268–274; *Slochower, H.:* Franz Werfel and A. D., in: JEGPh. 33 (1934), S. 103–112; *Stauffacher, W.:* Die Bibel als poetisches Bezugssystem. Zu A. D.s Berlin Alexanderplatz, in: Sprachkunst 8 (1977), S. 35–40; *Stenzel, J.:* Zeichensetzung. Stiluntersuchungen an deutscher Prosadichtung, 1966, S. 117–130; *Veit*, S. 164–359; *Weyembergh-Boussart*, S. 132–138, 161–170; *Zimmermann, U.:* Benjamin and Berlin Alexanderplatz. Some notes towards a view of literature and the city, in: Colloquia Germanica 12 (1979), S. 256–272; *Ziolkowski, T.:* Dimensions of the modern novel, New Jersey 1969, S. 99–137.

James Joyce-Einfluß:
Selbstzeugnisse: Ulysses von Joyce, in: Das deutsche Buch 8 (1928), S. 84–86, ebenso in: AW 8, S. 287–290, ebenso in: Prangel, S. 49–52; Epilog, in: AW 8, S. 391, ebenso in: AW 19, S. 445; Brief an A. Kutscher (7. 1. 1946), in: AW 13, S. 361; Brief an P. E. H. Lüth (9. 10. 1947), in: AW 13, S. 376–377. – Literatur: *Becker,* S. 202–214; *Duytschaever, J.:* Joyce – Dos Passos – D.: Einfluß oder Analogie, in: Prangel, S. 136–149; *McLean, A. M.:* Joyce's Ulysses and D.s Alexanderplatz Berlin, in: Comparative Literature 25 (1973), S. 97–113; *Mitchell, B.:* Joyce and D.: At the crossroads of Berlin Alexanderplatz, in: Contemporary Literature 12 (1971), S. 173–187; *Ders.:* James Joyce and the German novel 1922–1933, Athens: Ohio Univ. Pr. XVI (1976); *Müller-Salget,* S. 286–289; *Regensteiner,* S. 162–164; *Žmegač,* S. 300–301.

»Giganten«
Neufassung von »Berge Meere und Giganten« mit dem Zusatz: »Ein Abenteuerbuch«. – Druck: S. Fischer Verlag, Berlin 1932. – Selbstzeugnis: Nachw. Giganten, S. 375–377, ebenso in: AW 8, S. 371–374. – Literatur: *Eggebrecht, A.,* in: BT. v. 1. 6. 1932; *Elshorst,* S. 73–74; *Kort,* S. 59–62; *Kreutzer,* S. 95–100; *Krysmanski, H.-J.:* Die utopische Methode, 1963, S. 45–50; *Müller-Salget,* S. 361–367; *Meisel, H.:* Dichtung und Klarheit, in: Voss. Ztg. v. 24. 4. 1932; *Rost, N.,* in: De Groene (Amsterdam) v. 28. 5. 1932.

Kleinere erzählende Gelegenheitsprosa:

»Doktor Rosinus und seine Abenteuer« (1. Kapitel der Gemeinschaftsarbeit: »Die Novelle der Neun«), in: BT v. 25. 12. 1925.
»Sechs Dichter sehen durch die Zeitlupe«, in: Voss. Ztg. v. 25. 12. 1926, ebenso in: AW 6, S. 318–323.
»Ivar Kreuger lebt!« (4. Kapitel des Gemeinschafts-Kriminalromans: »Die verschlossene Tür«), in: LW 8 (1932), Nr 27, S. 3–4.

Dramatisches:

»Die Ehe«. Drei Szenen und ein Vorspiel.
Entstehung: Berlin 1929/30. – Handschrift: unvollst. Ms., Entwürfe, SNM. – Uraufführung: 29. 11. 1930, Studio der Kammerspiele München, Regie O. Falckenberg. – Druck: S. Fischer Verlag, Berlin 1931, ebenso in: AW 22, S. 172–261. – Selbstzeugnisse: D. über das Ehe-Verbot, in: Voss. Ztg. v. 13. 12. 1930; Reines Vergnügen am Theater, in: BT v. 8. 1. 1931, ebenso in: Vertrbg. Beyer, S. 102–106; Die Ehe und ein Kritiker, in:

Vertrbg. Beyer, S. 402–410; [Antwort auf Kornfelds Kritik], erstmals in: AW 14, S. 259–262. – Literatur: *Arnheim, R.:* A. D.s Oratorium, in: WB 27 (1931), Bd 1, S. 625–627; *Delpy, E.,* in: Leipziger Neueste Nachrichten v. 4. 12. 1930; *E[ggebrecht].* A., in: LW 6 (1930), Nr 8, S. 3; *Hollaender, F.:* Lebendiges Theater, 1932, S. 328–332; *Holzner, J.:* Zu A. D.s Ars militans. Bemerkungen zur Szenenreihe Die Ehe und zum Hörspiel Berlin Alexanderplatz, in: LJb. 16, 1975 (1977), S. 179–204; *Jundt, K.,* in: B. Z. am Mittag v. 1. 12. 1930; *Kerr, A.,* in: BT v. 18. 4. 1931, ebenso in: A. K., Die Welt im Drama, 1954, S. 220–223; *Kesten, H.:* Zum neuen Drama, in: WB 27 (1931), Bd 1, S. 392–394; *Klein, T./Valentin, F.,* in: Münchner Neueste Nachrichten v. 1. 12. 1930; *Kleinschmidt, E.,* in: AW 22, S. 552–555, 616–636; *Kornfeld, P.:* Revolution mit Flötenmusik, in: TB 12 (1931), S. 736–742; *Müller-Salget,* S. 357–360; *Obermaier-Schoch, H.,* in: Die Frau 38 (1930), S. 527–531; *Natonek, H.:* Geld zerstört die Gemeinschaft, in: Neue Leipziger Ztg. v. 4. 12. 1930; *Ohlbrecht, G.:* Theaterzensur in München, in: Die Hilfe 37 (1931), S 42–44; *Ribbat, E.:* Ein Lehrstück ohne Lehre. A. D.s Szenenreihe Die Ehe, in: ZfdPh. 91 (1972), S. 540–557; *R[ichter].* W.: Das Literatur-Erzeugnis, in: BT v. 16. 12. 1930; *Rutra, A. E.,* in: LW 6 (1930), Nr 50, S. 9; *Sprengler, J.,* in: L. 33 (1930/31), S. 279.

Essays zur Literatur und Literaturtheorie:

»Kunst, Dämon und Gemeinschaft«, in: Das Kunstblatt 10 (1926), S. 184–187, ebenso in: AW 8, S. 84–87.

»Die Romane von Franz Kafka«, in: LW 3 (1927), Nr 9, S. 1; ebenso in: AW 8, S. 283–286.

»Schriftstellerei und Dichtung« (als Vortrag am 15. 3. 1928 auf der Festsitzung der Sektion für Dichtkunst der Preußischen Akademie der Künste), in: Jb. der Sektion für Dichtkunst, 1929, S. 70–81, ebenso in: AW 8, S. 87–97. – Lit.: *Müller-Salget,* S. 275–278; Žmegač, S. 307–310.

»Kunst ist nicht frei, sondern wirksam: ars militans«, in: LW 5 (1929), Nr 19, S. 1–2, ähnlich in: Jb. der Sektion für Dichtkunst, 1929, S. 96–103, ebenso in: AW 8, S. 97–103.

»Der Bau des epischen Werks« (als Vortrag am 10. 12. 1928 an der Berliner Universität), in: Jb. der Sektion für Dichtkunst, 1929, S. 228–262, ebenso in: NR 40 (1919), Bd 1, S. 527–551, ebenso in: AW 8, S. 103–132. – Lit.: *Müller-Salget,* S. 279–282; *Ribbat,* S. 107–108; Žmegač, S. 310–316.

»Dem toten Arno Holz zur Feier« (als Ansprache am 30. 10. 1929 am Grab A. Holz'), in: LW 5 (1929), Nr 45, S. 1–2, ebenso in: AW 8, S. 133–138.

»Literatur und Rundfunk« (als Vortrag am 30. 9. 1929 auf der Kasseler Arbeitstagung Dichtung und Rundfunk), z. T. in: Bredow, H., Aus meinem Archiv, 1950, S. 311–317, ebenso in: Literatur und Rundfunk 1923–1933, hrsg. v. G. Hay, 1975, S. 30–36. – Lit.: *Prangel, M.:* Die rundfunktheoretischen Ansichten A. D.s, in: Literatur und Rundfunk 1923–1933, hrsg. v. G. Hay, 1975, S. 221–229.

»Mit dem Blick zur Latinität«, in: Deutsch-französische Rundschau 3 (1930), S. 357–360, ebenso in: AW 8, S. 367–371.

»Vom alten zum neuen Naturalismus« (als Vortrag am 14. 12. 1929 vor der Sektion für Dichtkunst der Preussischen Akademie der Künste), in: TB 11 (1930), S. 101–106, ebenso in: AW 8, S. 138–145.

»Nutzen der Musik für die Literatur«, in: Die Musikpflege 1 (1930/31), S. 70–72, ebenso in: Zeitlupe, S. 158–160.

»Krise des Romans?«, erstmals in: Vertrbg. Beyer, S. 375–377.

Philosophische Schriften:

»Der Geist des naturalistischen Zeitalters«, in: NR 35 (1924), S. 1275–1293, ebenso in: AW 8, S. 62–83. – Lit.: *Müller-Salget*, S. 12–15.

»Das Ich über der Natur«, S. Fischer Verlag, Berlin 1927. – Literatur: *Eggebrecht, A.*, in: LW 3 (1927), Nr 51/52, S. 5; *Ehrenberg, H.*, in: Eckart 4 (1928), S. 406–410; *Ferris*, S. 45–69; *Grande, R.*, in: SL 29 (1928), S. 492–493; *Hachmoeller, Heilborn, E.*: Empirische Mystik, in: L 30 (1927/28), S. 195–196; *Kort*, S. 19–22; *Lange, J. M.*: Driesch und D., in: WB 23 (1927), Bd 2, S. 948; *Milch, W.*, in: BT v. 15. 12. 1927; *Müller-Salget*, S. 235–241.

»Wissen und Verändern!« Offene Briefe an einen jungen Menschen, S. Fischer Verlag, Berlin 1931, ebenso in: AW 15, S. 125–266; Vorabdrucke in: TB 11 (1930). – Selbstzeugnisse: Eine Antwort D.s (Erwiderung auf eine Polemik M. Rychners), in: Neue Schweizer Rundschau 24 (1931), S. 641–642; Vorwort zu einer erneuten Aussprache, in: NR 42 (1931), Bd 2, S. 100–103, ebenso in: AW 14, S. 262–266; Nochmal: Wissen und Verändern, in: NR 42 (1931), Bd 2, S. 181–201, ebenso in: AW 14, S. 266–291. – Literatur: *Anstett, I. J.*: Le rôle social des intellectuels d'après D., in: Revue d'Allemagne (Paris) 5 (1931), S. 947–950; *Bäumer, G.* Humanismus militans, in: Die Hilfe 37 (1931), S. 770–771; *Biha, O.*: Die Ideologen des Kleinbürgertums und die Krise, in: Literatur und Weltrevolution 2 (1932), H. 2, S. 112–113; *Bin Gorion, E.*: Doktor Allwissend, in: Neue Revue 3 (1931), S. 197–204; *Brentano, B. v.*: Ein gepolstertes Ruhekissen, in: Der Scheinwerfer 4 (1931), H. 12, S. 19–21; *Blank, H.*: Zielsetzung?, in: NR 42 (1931), Bd 2, S. 91–94; *Ferris*, S. 88–95; *Gött, L.*: Der geistige Mensch und sein sozialer Beruf, in: NR 42 (1931), Bd 2, S. 76–82; *Graber, H.*: Nachw. AW 15, S. 310–318; *Heinrichs, C.*: Ein Neuhumanist: A. D., in: Mitteilungen des literarischen Bundes 32 (1931), S. 126–127; *Heuser, K.*: Glauben und Verändern, in: NR 42 (1931) Bd 2, S. 86–91; *Ders.*, Der Ort der Geistigen im sozialen Kampf, in: LW 7 (1931), Nr 10, S. 1–2; –hs–, in: Voss. Ztg. v. 22. 7. 1931; *Kesser, A.*: Das Labyrinth des Dr. D., in: Die Linkskurve 3 (1931), Nr 9, S. 28–30; *Kimber*, S. 63–77; *Kreutzer*, S. 140–147; *Kracauer, S.*: Minimalforderung an die Intellektuellen, in: NR 42 (1931), Bd 2, S. 71–75; *Ders.*: Was soll Herr Hocke tun?, in: FZ v. 17. 4. 1931; *Levinger, F.* in: Neue Blätter für den Sozialismus 2 (1931), S. 580–582; *Mehnert, K.*: Das Kol-

lektiv auf dem Vormarsch, in: NR 42 (1931), Bd 2, S. 82–85; Katalog
Meyer, S. 297–314; *Müller-Salget*, S. 252–259; *Rychner, M.:* D. warnt:
Weg von den Gebildeten, in: Neue Schweizer Rundschau 24 (1931),
S. 321–325; *Saenger, S.:* Führer und Verführer, in: NR 42 (1931), Bd 1, S.
559–563; *Schafft, H.*, in: Eckart 7 (1931), S. 467–477; *Schwenk, E.*, in: Der
Querschnitt 11 (1931), S. 860; *Thieme, K.*, in: Neuwerk 13 (1931/32), S.
250–252; *Zuckerkandl, V.:* Alte und neue Bildung, in: NR 42 (1931), Bd
2, S. 94–99.
»Unser Dasein«, S. Fischer Verlag, Berlin 1933, ebenso: AW 9. – Literatur:
Hohoff, C.: D.s Kapitulation?, in: Süddt. Ztg. v. 23./24. 1. 1965; *Mar-
cuse, H.*, in: Ztschr. für Sozialforschung 2 (1933), S. 273; *Müller-Salget*,
S. 241–247; *Muschg, W.:* Nachw. AW 9, S. 479–490; *Ribbat*, S. 111–114;
Völker, K.: Kein guter Dienst an A. D., in: Der Tagesspiegel v. 18. 4. 1965.
Literatur zur Naturphilosophie allgemein: *Faulhaber*, S. 175–223; *Ferris*,
S. 69–72; *Kimber*, S. 25–63; *Kreutzer*, S. 81–88; *Links*, S. 89–97; *Mader*,
S. 26–72; *Muschg*, S. 122–123; *Veit*, S. 96–131; *Weyembergh-Boussart*,
S. 139–155.

Rezensionen und kleinere Schriften vermischten Inhalts:

Soll man die Psychoanalyse verbieten? in: BT v. 5. 5. 1925, ebenso in: TK,
S. 44–45; Eine unbekannte Strahlenart, in: BT v. 13. 5. 1925; Nennt sich
die Kritik, in: Deutsche Presse 15 (1925), Nr 47/48, S. 15, ebenso in: AW
8, S. 271–273; Helgoland, in: Voss. Ztg. v. 19. 12. 1925; Nochmals: an
His und Miethe [Beitrag zu: Wissenschaft und moderne Literatur], in: LW
2 (1926), Nr 8, S. 7, ebenso in: Zeitlupe, S. 89–90; Ausflug nach Mexico,
in: WB 22 (1926), Bd 1, S. 421–422; Sigmund Freud. Zum 70. Geburtstag,
in: Voss. Ztg. v. 5. 5. 1926, ebenso in: Zeitlupe, S. 80–88; Rasse und Seele,
in: C.-V.-Ztg. 5 (1926), S. 143–146; Dichtung und Christentum, in:
Ostwart-Jb. 1 (1926), S. 148–149; Ein Sonntag in Straßburg, in: BT. v. 17.
7. 1926; Tod und Selbstmord, in: Hamburger Fremdenblatt v. 4. 8. 1926;
Voronoff der Lebensverlängerer, in: Voss. Ztg. v. 4. 9. 1926; Ein Todes-
fall, in: BT v. 25. 9. 1926; Ferien in Frankreich, in: WB 22 (1926), Bd 2,
S. 614–619, ebenso in: Zeitlupe, S 110–117; Kann man Verzweifelten
helfen? [Rundfrageantwort], in: Magdeburgische Ztg. v. 7. 11. 1926,
ebenso in: Zeitlupe, S. 76–80; Die Seele vor dem Arzt und dem Philosophen, in: Voss. Ztg. v. 28. 11. 1926; Der Teufel der kleinen Eleonore, in:
Voss. Ztg. v. 1. 1. 1927; ebenso in: Zeitlupe, S. 96–100; Sie trifft den
Unschuldigen, in: BT v. 18. 2. 1927; Wider die abgelebte Simultanschule,
in: WB 23 (1927), Bd 1, S. 819–824; Von einem Zahnarzt und seinem
Opfer, in: BT v. 7. 8. 1927; Briefe, die mich nicht erreichen, in: BT v. 15.
8. 1927; Arzt und Dichter, in LW 3 (1927), Nr 43, S. 1–2, ebenso in: AW
8, S. 361–367, ebenso in: AW 19, S. 23–29; Friedells Kulturgeschichte, in:
WB 23 (1927), Bd 2, S. 966–970; Geleitwort zu Mario von Bucovich:
Berlin, 1928, S. VII–XII; Eine kassenärztliche Sprechstunde, in: FZ v.
6. 1. 1928; Die Schranktür, in: BBC v. 8. 4. 1928, ebenso in: Zeitlupe,
S. 126–128; Zwei Seelen in einer Brust, in: Berliner Volksztg. v. 8. 4.

1928, ebenso in: AW 8, S. 359–361; Von Prozessen und Vergleichen, in: BT v. 6. 5. 1928; Berlin und die Künstler, als Zeitungsausschnitt ohne Angabe SNM, in: Zeitlupe, S. 58–59; Technik. Absicht und Zukunft [Rundfrageantwort], in: Die Böttcherstraße 1 (1929), H. 9, S. 10–11; Zu Fuß über das Wattenmeer, in: Voss. Ztg. v. 12. 3. 1929; Kassenärzte und Kassenpatienten, in: Der Querschnitt 9 (1929), S. 312–314, ebenso in: AW 14, S. 240–244; Ausflug nach Prag, in: BT v. 26. 1. 1930, ebenso in: Zeitlupe, S. 161–166; Deutsche Frauentragödie in Italien, in: TB 11 (1930), S. 622–626, ebenso in: Zeitlupe, S. 179–185; Katastrophe in einer Linkskurve, in: TB 11 (1930), S. 694–698, ebenso in: AW 14, S. 247–253 (s. auch Erwiderung v. Biha, O.: Herr D. verunglückt in einer Links-kurve, in: Die Linkskurve 2 (1930), Nr 6, S. 21–24); Bilanz der Dichter-akademie, in: Voss. Ztg. v. 25. 1. 1931; Impressionen von einer Rhein-reise, in: FZ v. 1. u. 8. 2. 1931, ebenso in: Zeitlupe, S. 166–179; Sexualität als Sport, in: Der Querschnitt 11 (1931), S. 760–762; Altes Berlin, in: LW 8 (1932), Nr 29/30, S. 9; Östlich um den Alexanderplatz, in: Der Lesezir-kel 19 (1932), H. 5, S. 70–71, ebenso in: Zeitlupe, S. 60–63, ebenso in: Prangel, S. 11–14; Friede auf Erden [Rundfrageantwort], in: LW 8 (1932), Nr 53, S. 5, ebenso in: AW 14, S. 305; Over Gerhart Hauptmann. De Mythos der Literatuur, in: De Hollandse Revue (Den Haag) 37 (1932), S. 846–847; Herr Gütermann, in: BT v. 20. 1. 1932, ebenso in: AW 14, S. 298–302; Bemerkungen zum 15-Jahr-Jubiläum, in: Das neue Rußland 9 (1932), Nr 7/8, S. 24, ebenso in: AW 14, S. 303–305; (Das Recht zur freien Meinungsäußerung), erstmals in: AW 14, S. 235–239; Selbstschän-dung des Bürgers, erstmals in: AW 14, S. 253–257; [Kundgebung], erst-mals in: AW 14, S. 305–307.

5. Emigrant in der Schweiz, Frankreich und USA (1933–1945)

In der Schweiz fand Döblin vorerst bei dem in Kreuzlingen lebenden Psychiater *Ludwig Binswanger* Aufnahme und teilte *Oskar Loerke* von dort aus am 4. März 1933 voll bitterer Ironie nach Berlin mit: »Ich habe wegen der schlechten Witterung in Norddeutschland für eine kleine Zeit Berlin verlassen« (AW 13, S. 172). Wenige Tage später ging er, nachdem seine Frau ihm mit den Söhnen Wolfgang und Klaus (Döblin schickte beide vorläufig zur Absolvierung von Abitur bzw. Mittlerer Reife nach Berlin zurück) schom am 3. März unerwartet in die Schweiz gefolgt war, nach Zürich. Hier wohnte er erst in einer Pension Hochstr. 37, seit April in einer Wohnung Gladbachstr. 65. Als Emigrant vermochte Döblin sich anfänglich kaum ernstzunehmen. Er schämte sich der ihm lächerlich erschei-nenden, ungewohnten Rolle des Flüchtlings und glaubte ernsthaft, in ein paar Wochen wieder nach Berlin zurückkehren zu können. Erst allmählich gelangte er zu einer realistischeren Einschätzung der politischen Lage, gab etwa im April die Hoffnung auf eine baldige Rückkehr nach Deutschland auf und bekannte sich von nun an zu seinem Schritt in die Emigration in zunehmendem Maße als einer Klärung der Fronten, die würdiger sei als die Unwahrhaftigkeit, in der man die letzten Jahre in Deutschland verbracht habe.

Klärung hatte er von Zürich aus noch im März in sein Verhältnis zur Preußischen Akademie der Künste gebracht, indem er selbst die Initiative ergriff und nicht, wie eine Reihe anderer jüdischer Schriftsteller, den Zwangsausschluß im Mai 1933 abwartete. Die in einem Schreiben des Akademiepräsidenten *Max von Schillings* am 14. März 1933 von allen Akademiemitgliedern geforderte politische Loyalitätserklärung gab er mit der Begründung, er sei kein Politiker und seine Weltanschauung liege in seinem schriftstellerischen Werk offen zutage, am 17. März bereitwillig ab und schlug der Sektion für Dichtkunst, da er diesen Weg für rascher klärend hielte, in Form eines Antrages vor, ihre Gesamtdemission anzubieten. Gleichzeitig aber forderte er den Akademiepräsidenten auf, ihn über die Konsequenzen zu informieren, die das eventuelle Vordringen völkischer Elemente innerhalb der Akademie für deren jüdische Mitglieder habe. Ohne eine Antwort abzuwarten, ergänzte Döblin sein Schreiben dann bereits am nächsten Tag dahingehend, daß er seinen Akademiesitz zur Verfügung stellte. Am 22. März bestätigte von Schillings Döblins Austrittserklärung und wies auf die Unmöglichkeit hin, dessen Antrag der Sektion unter den gegebenen Verhältnissen vorzulegen. Damit war der offizielle Kontakt zur Akademie beendet, die in Döblin eines ihrer zwar nicht diplomatischsten, doch streitbarsten und ehrenwertesten Mitglieder verloren hatte.

Trotz der deprimierenden politischen Ereignisse erfuhr Döblins schriftstellerische Arbeit damals keine nennenswerte Unterbrechung. Vielmehr setzte er sie, da er als Arzt im Ausland nicht mehr tätig sein konnte, angesichts des Zeitgeschehens aber auch jede Form des Müßiggangs unerträglich fand, mit besonderer Intensität fort. Die Zügigkeit, mit der all seine Werke der ersten Emigrationsjahre entstanden, beweist seine damalige hohe Spannkraft. In Zürich arbeitete er vorwiegend in der Zentralbibliothek, und das Manuskript des neuen, noch in Berlin begonnenen Romans »Babylonische Wandrung oder Hochmut kommt vor dem Fall« machte schnelle Fortschritte. Daneben verstärkte sich in Döblin durch die Erfahrung von Diffamierung und Flucht abermals das Interesse am jüdischen Schicksal. Die Auffassung der zwanziger Jahre, es werde sich der Antisemitismus durch seine Auslösung eines gesteigerten Selbstbewußtseins der Juden von selbst erledigen, erwies sich als Irrtum. Er begann schon in Zürich für die O.R.T., deren Vorstand er angehörte, aktiv zu werden und stellte mit der aus dem siebenten Buch von »Unser Dasein« hervorgegangenen Schrift »Jüdische Erneuerung« den ersten seiner beiden größeren, selbständig erschienenen Beiträge zur Judenfrage fertig. Das Buch erschien noch im gleichen Jahr im Amsterdamer Querido Verlag (gleichfalls 1933 hebräisch in der Zeitschrift ›Turim‹ in Tel Aviv), dessen von Fritz Landshoff geführte deutsche Abteilung sich in den nächsten Jahren zum bedeutendsten Exilverlag auswuchs und bis zur holländischen Besetzung 1940 sämtliche Bücher Döblins übernahm.

Obwohl er die Vorzüge der Deutschsprachigkeit des Landes schnell erkennen sollte, gedachte Döblin indessen nicht, auf längere Zeit in Zürich zu bleiben, wo er u. a. ein letztes Mal *Else Lasker-Schüler* begegnete. Die Schweiz war ihm zu teuer und auch, wie er an Hermann Kesten schrieb, zu sehr »frontistisch infiziert«. Er sah sich daher bald nach einem geeigneteren Aufenthaltsort um, dachte einen Moment lang an Straßburg mit seiner ihm schon während des Ersten Weltkriegs nützlichen deutschsprachigen Bibliothek, gab jedoch schließlich, wohl maßgeblich beeinflußt von dem französischen Botschafter in Berlin, *André François-Poncet,* Paris den Vorzug. Bereits im Spätsommer und Herbst 1933 wohnte er etwa zwei Monate lang auf dem Montmartre und bezog im November, nach nochmaligem kurzen Aufenthalt in Zürich, ein kleines Haus in der 4, avenue Talma des Pariser Vororts Maisons-Laffitte. Erst im Januar 1935 siedelte er, um Fahrgeld und Miete zu sparen, aber wohl auch, um die ständige Berührung mit der Großstadtatmosphäre nicht entbehren zu müssen, in eine enge Wohnung 5, square Henri Delormel über, in der er bis September 1939 blieb. Er konnte sich hier mit seinen eigenen Möbeln einrichten, die *Aaron Syngalowski* (er war auch Peter und Klaus Döblin bei ihrer Flucht aus Berlin behilflich) ebenso wie Döblins Bibliothek im Sommer 1934 zusammen mit seinen eigenen Sachen von Berlin nach Paris brachte. Döblin erhielt in Frankreich eine zunächst auf zwei Jahre begrenzte Aufenthaltsgenehmigung. Drei Jahre später wurde er am 16. Okt. 1936 naturalisiert, ein für ihn glücklicher Umstand, den er der Vermittlung André François-Poncets und seinen beiden in Frankreich militärdienstfähigen Söhnen Klaus und Wolfgang zu verdanken hatte. Eine Einladung *Bertolt Brechts,* sich in Dänemark niederzulassen, lehnte er im Januar 1935 ab.

In Paris traf Döblin einige alte französische Bekannte wieder, denen er 1926 an der Côte d'Azur begegnet war, ferner *Herrmann Kesten, Ivan Goll, Joseph Roth, Arthur Koestler* und *Manès Sperber,* in den folgenden Jahren eine große Anzahl anderer aus Deutschland emigrierter Schriftsteller. Doch blieb Kesten lange der einzige Kontakt und stellten sich neue Beziehungen, namentlich zu Franzosen, nur zögernd ein. Döblin lebte in Paris isoliert. Er konnte in all den Jahren die Barriere der fremden Sprache zu seinem erheblichen Nachteil nicht vollends überwinden und bezeichnete sich selbst als »fremdsprachenblind«. Dabei arbeitete er hart an sich und rief auch andere Emigranten auf: »Sondert euch nicht zu stark in Landsmannschaften ab, tretet in Beziehungen zum französischen Schrifttum. Lernt intensiv die französische Sprache, lest die erscheinenden Bücher, vertieft euch in das Denken und Fühlen des Landes, in dem ihr lebt und dessen Einwohner euch umgeben! Ergreift die Gegenwart! Wagt es!« (Zeitlupe, S. 195). Er nahm Französischstunden, las die Klassiker, von denen er Voltaire, Pascal, Corneille und Stendhal nennt, und kam in ein durchaus positives Verhältnis zur französischen Kultur, an der er die ganz undeutsche Klarheit und Diesseitsbezogenheit schätzen lernte. Kennzeichnend für sein damaliges Gefühl der geistigen Heimatlosigkeit blieb aber, was er am 23. März 1934 an *Elvira* und *Arthur Rosin* (er lernte den ihm in der Zukunft freundschaftlich verbundenen Bankier Anfang der dreißiger Jahre kennen) schrieb: »ich war kein Deutscher und werde auch kein Franzose« (AW 13, S. 191). Von Deutschland entfernte er sich in den ersten Emigrationsjahren innerlich immer weiter. Sein Vertrauen zu den im Nazi-Deutschland verbliebenen früheren Freunden war erschüttert, und er stellte schon 1934 die düstere Prophezeiung an, daß Hitler der inneren Aufrüstung und Propaganda die äußere Aktion, d. h. die Fortsetzung des Krieges von 1914/18 folgen lassen würde. Döblin nahm sich aber von der Mitschuld an der verhängnisvollen Entwicklung in Deutschland nicht aus, war der Überzeugung, daß die Schriftsteller ihre Aufgabe als »die kämpfende Moral, das nationale Gewissen, die Träger der Freiheit und [...] der Menschenwürde« (AW 13, S. 206) unerfüllt gelassen hätten und schrieb am 23. Mai 1935 – nicht ohne versteckten Angriff freilich – an *Thomas Mann*, daß er eine Einladung, am Jahrestag der Bücherverbrennung zu sprechen, mit der Begründung abgelehnt habe: »jedenfalls meine Bücher sind mit Recht verbrannt« (AW 13, S. 207).

Inzwischen setzte Döblin auch in Paris – u. a. zur Eile getrieben durch die Hoffnung, er könne seine finanzielle Lage so bald aufbessern – die Arbeit an der »Babylonischen Wandrung« mit unverminderter Intensität fort. Noch im Dezember 1933 wurde dieses erste fast ganz in der Emigration entstandene Romanwerk abgeschlossen und konnte, mit den funktionellen Zeichnungen *P. L. Urbans*, im

Frühjahr 1934 in Amsterdam erscheinen. Mit der »Babylonischen Wandrung«, die W. Muschg als ein spätes Meisterwerk des deutschen Surrealismus bezeichnete und deren Verwandtschaft mit *Jean Paul*schem Humor wiederholt betont wurde, schuf Döblin einen komischen Roman beinahe universalen Ausmaßes, in dem er sich, entgegen seiner ursprünglichen Absicht, an den wahnwitzigen Versuch verlor, sich aus der katastrophalen Zeitlage durch die totale Verspottung der Wirklichkeit zu retten. Mehr als in irgendeinem anderen seiner Werke ließ Döblin eine geradezu toll gewordene Phantasie sich in dieser Geschichte der stufenweisen Menschwerdung und endlichen Selbsterkenntnis des abgesetzten »babylonisch-chaldäisch-assyrischen« Gottes Konrad austoben. Das Werk ist eine Orgie des schalkhaft vereinigten Unvereinbaren. Es überläßt sich jeder Ausschweifung, setzt alle Räume und Zeiten des Fiktiven und Realen in Beziehung zueinander und gibt so nicht nur Romanfiguren und Autor der Lächerlichkeit preis, sondern stellt den Roman selbst durch die Aufhebung seiner ästhetischen Gesetze als Formgebilde in Frage. Die dem Werk vielfach vorgeworfene kompositorische Schwäche ist demnach wesentlich in seiner Komik, die das unkontrollierte Sichgehenlassen einschließt, begründet. Durch die gaukelhafte Fassade des Buches hindurch wird jedoch die ernste, gerade angesichts des Versagens der deutschen Intellektuellen für Döblin sehr aktuelle Thematik von Schuld und notwendiger Buße, besonders gegen Ende des Romans, sichtbar.

Einen Sonderfall in Döblins Schaffen stellt der Roman »Pardon wird nicht gegeben« dar, der, etwa im Juli 1934 begonnen, Anfang 1935 als nächstes Werk herauskam. Döblin nannte ihn selbst später – nur teilweise zutreffend und wohl auch mit leicht abwertender Gebärde – einen »kleinen Berliner Roman«, eine »Familiengeschichte mit autobiographischem Einschlag« (AW 8, S. 392). Tatsächlich besitzt namentlich das erste Buch des Romans trotz einiger Reduktionen weitgehende autobiographische Authentizität. Dennoch wird man als das eigentliche Thema den seit Beginn des Industriezeitalters verübten Verrat des deutschen Bürgertums an den einst von ihm getragenen Freiheitsidealen betrachten müssen. Es wird modellhaft am Beispiel der Zentralfigur Karl gestaltet, der erst im Augenblick des Todes zu der in seinem Leben überdeckten, hier als die natürliche menschliche Existenzform verstandenen sozialistischen Idee zurückfindet und damit (zu spät bezeichnenderweise, um noch praktisch wirksam sein zu können) genau jeden Schritt an die Seite der Arbeiterschaft tut, den Döblin 1931 in »Wissen und Verändern« den Geistigen empfohlen hatte. Döblin entfernte sich in »Pardon wird nicht gegeben« weit von seiner bisherigen Theorie und

Praxis des epischen Romans. Das Werk, das ohne die für ihn sonst typischen umfangreichen Materialstudien entstand, ist straff komponiert, worin man eine, allerdings nur vorübergehend wirksame Beeinflussung Döblins durch die französische Lektüre jener Jahre erblicken darf. Das Anknüpfen an die realistische Erzähltradition hat dazu geführt, daß der sonst wenig gewürdigte Roman im Urteil der marxistisch orientierten Literaturwissenschaft als ein Höhepunkt des Döblinschen Schaffens bewertet wurde (R. Links, K. Schröter).

Neben der Romanarbeit wurde während der ersten Pariser Jahre die schon in Zürich aufgenommene Tätigkeit für jüdische Organisationen zu Döblins zweitem großen Arbeitsfeld. Sie brachte ihn wieder mit etlichen alten, inzwischen ebenfalls emigrierten jüdischen Bekannten in Berührung, so u. a. mit *Ben Addir Rosin* und *Isaac N. Steinberg.*

Gleich im November 1933 nahm Döblin in Paris an der Gründung der 1935 in der internationalen Freilandliga aufgehenden ›Liga für jüdische Kolonisation‹ teil, deren Vorstandsmitglied er bis 1936 blieb. Ohne viel Erfolg unternahm er damals sogar einen Ansatz, jiddisch zu lernen. Jedoch war Döblins innere Einstellung gegenüber dem Territorialismus trotz seines zeitweise starken Engagements von Anfang an sehr ambivalent. Durch die Notlage der Juden fühlte er sich gedrängt, an einer konkreten Lösung des jüdischen Problems mitzuarbeiten, und ergriff daher den Freilandgedanken als eine Möglichkeit, die seiner Meinung nach demoralisierten und sich selbst entfremdeten Juden aufzurütteln, ihre Sammlung und Organisierung voranzutreiben. Doch verstand er Sammlung und Landnahme nicht als Endziel. Sie waren ihm vielmehr, ganz im Sinne der schon in den zwanziger Jahren vertretenen Position, nur Vorbereitung der nach Palästina und Diaspora dritten, utopischen Gestalt des jüdischen Volkes: einer künftigen geistigen Gesamterneuerung des Judentums, die als Alternative zum Materialismus des Abendlandes zu gelten habe. 1934/35 formulierte Döblin diese Auffassungen in einigen Aufsätzen, die er hauptsächlich in der von Nathan Birnbaum in Rotterdam herausgegebenen Zeitschrift ›Der Ruf‹ und auf jiddisch in der Zeitschrift ›Freyland‹ veröffentlichte. Die Ende 1935 herausgekommene wichtige Schrift »Flucht und Sammlung des Judenvolks«, in welche die vorangegangenen Essays zum Teil eingearbeitet wurden, faßte seine Gedanken zur Judenfrage dann nochmals zusammen. Döblin blieb damals von der Kritik der schwere Vorwurf eines vom Faschismus infizierten jüdischen Nationalismus nicht erspart. Schon gegen Ende 1934 aber empfand er, daß der Freilandgedanke von der Liga auf Kosten »der jüdischen allgemeinen Erneuerung« zu einseitig betont würde, und zweifelte an der Richtigkeit seines territorialistischen Engagements. Auf der internationalen Territorialistenkonferenz, die vom 21. bis 29. Juli 1935 in London stattfand, hielt er seinen Vortrag »Ziel und Charakter der Freilandbewegung« und wollte helfen, von der Landparole abzubringen. Auch in den folgenden zwei Jahren blieb Döblin, obwohl er sich publizistisch (ein neues literarisches Projekt schob sich in den Vordergrund) nur noch selten zum Thema äußerte, für die Liga aktiv. Noch Anfang Januar 1937 reiste er im Auftrag der Liga nach Scheveningen in Holland, um den Kontakt zu *Nathan Birnbaum* und der von diesem geleiteten religiös orientierten ›Agoedas Jisroël‹ zu verstärken. Spätestens seit der vom 12. bis 14. Nov. 1937 in Paris abgehaltenen Territorialistenkonferenz muß er sich aber endgültig vom Territorialismus abgewandt haben. Resigniert schrieb er am 27. Jan. 1938 an *Viktor Zuckerkandl*: »Recht ab bin ich vom Jüdischen; von hier aus sehe ich keine Möglichkeit, da einen Einfluß zu üben. Es ist und bleibt der Kernpunkt: die Juden wollen nicht, sie können überhaupt nicht wollen« (AW 13, S. 224).

Mit der enttäuschenden Erfahrung, daß auch das jüdische Volk den von ihm seit Mitte der zwanziger Jahre festgehaltenen Vorwurf einer aktiven geistigen Erneuerung des Menschen nicht zu realisieren vermochte, hängt eng die Thematik eines neuen, in den gleichen Jahren entstandenen Romans zusammen. Döblin ließ sich nach Erscheinen von »Pardon wird nicht gegeben« nur wenig Zeit und begann noch 1935 seinen Südamerika-Roman »Das Land ohne Tod«, dem er ursprünglich den dann in den ›AW‹ von W. Muschg wiederaufgenommenen Titel »Amazonas« zugedacht hatte. In den folgenden zwei Jahren konzentrierte er sich ganz auf diese große Arbeit, deren erster Teil »Die Fahrt ins Land ohne Tod« Frühjahr 1938 erschien (zur komplizierten Editionsgeschichte s. Bibl.). Nach der stofflichen Reduktion des letzten Romans kehrte Döblin hier wieder zu seinem früheren Produktionsverfahren zurück und trieb in der Bibliothèque Nationale umfängliche Materialstudien, die ihm u. a. das historische Gerüst und zahlreiche in das Buch übernommene naturmythische Geschichten lieferten. Der Dichter griff in dem Werk noch einmal auf die hymnische Naturverehrung seiner frühen Romane zurück und stellte in der äußeren und seelischen Eroberung Brasiliens durch Konquistadores und Jesuiten den trostlosen Zustand des neuzeitlichen Europäers dar, für den die mystische Natureinheit der Indios unerreichbar geworden ist, der aber auch außerstande ist, den Schritt über die materialistisch-technische Stufe des »naturalistischen Zeitalters« hinaus zu tun und die »seelischen Konsequenzen des Kopernikus« zu ziehen. Döblins These, daß der technische Impuls der Naturwissenschaften unsichtbar die geistige Beherrschung der Natur fördere und dieser schließlich zum Durchbruch verhelfe, ist hier zusammengebrochen. Die kausal nur ganz locker, funktionell aber sehr eng mit dem Rest verbundenen Kapitel sechs und sieben des zweiten Teils der Erstausgabe, die in der Ausgabe von 1947/48 gesondert als dritter Band unter den Titel »Der neue Urwald« gestellt und in der Edition Muschgs (AW 7) ausgeschieden wurden, brechen dann auch den Stab über die gesamte neuzeitliche europäische Entwicklung seit der Renaissance.

Zwei bedeutsame Aufsätze dieser Jahre stehen in direktem Zusammenhang mit der Entstehung des Südamerika-Romans und spiegeln Döblins ästhetische und gedankliche Position jener Jahre auf essayistischer Ebene. Der erste, im Oktober 1936 in der Moskauer Emigrantenzeitschrift ›Das Wort‹ erschienene Aufsatz »Der historische Roman und wir« erörtert noch im Beginnstadium der Arbeit am Südamerika-Buch grundsätzliche Fragen des historischen Romans, den Döblin als typische literarische Ausdrucksform der sich auf den eigenen Standort besinnenden, gesellschaftlich isolierten Emigration verstand und klar gegen die Geschichtsschreibung abgrenzte. Diese Schrift war gleichzeitig Döblins letzte weiterführende Auseinandersetzung mit der Theorie des Romans überhaupt. Der andere Aufsatz »Prometheus und das Primitive«, erschien im Januar/Februar-Heft 1938 von ›Maß und Wert‹. Er bildet den einzigen Beitrag des Dichters für diese Zeitschrift (zu dem Herausgeber Thomas Mann und dem Redakteur Ferdinand Lion entwickelte Döblin damals zunehmende Animosität) und befaßt sich in genauer Parallelität zur gedanklichen Essenz des Südamerika-Buches mit dem Prozeß der neuzeitlichen Entartung sowohl des primitiv-mystischen als des prometheischen Impulses, die ihren barbarischen Höhepunkt im totalitären Staat der Nazis gefunden habe. Ein dritter wichtiger Aufsatz, »Die Deutsche Literatur (im Ausland seit 1933)«, ging aus einem am 17. Jan. 1938 vor dem 1933 in Paris neukonstituierten ›Schutzverband Deutscher Schriftsteller im Exil‹ gehaltenen Vortrag »Neuerscheinungen der Emigrantenliteratur« hervor und wurde im selben Jahr als Broschüre selbständig gedruckt. Er geht von der recht schematischen Klassifizierung der deutschen Literatur vor 1933 in eine »konservative«, eine »humanistische« und eine »geistesrevolutionäre« Gruppe (zu der letzten zählte Döblin sich selbst) aus und zieht die Bilanz der ersten fünf Jahre deutscher Exilliteratur. Nach 1945 arbeitete Döblin die Schrift um und ließ sie unter anderem Titel erscheinen.

Eine größere Zahl kleiner journalistischer Beiträge, für die er auch in den Pariser Jahren trotz der fast ununterbrochenen Beanspruchung durch die Romanarbeit noch Zeit fand, schrieb Döblin vornehmlich für das ›Pariser Tageblatt‹ bzw. später die ›Pariser Tageszeitung‹ *Georg Bernhards*, seit 1937 vor allem auch für ›Das Neue Tagebuch‹ *Leopold Schwarzschilds*.

Bereits im Juni 1937 (R. Minders Angaben sind allerdings nicht ganz genau) hatte Döblin die Bekanntschaft des damals in Nancy lehrenden Germanisten *Robert Minder* gemacht. Dieser erwies sich seitdem als ein unschätzbarer Helfer und blieb der vielleicht engste Vertraute des Dichters bis zu dessen Tod. Er wurde ein rühriger Ambassadeur des Döblinschen Werkes in Frankreich, trug dazu bei, daß »Berlin Alexanderplatz« und »Pardon wird nicht gegeben« schon damals in das germanistische Staatsexamensprogramm französischer Universitäten aufgenommen wurde und war bemüht, die Zurückgezogenheit von Döblins Emigrantenleben durch die Stimulierung persönlicher Kontakte zu Franzosen zu durchbrechen. Doch blieben die Versuche, Döblin in engere Beziehung zu *Jean-Paul Sartre, Simone de Beauvoir* und dem Philosophen *Jean Wahl* zu bringen, ergebnislos. Döblin vermochte, wie Minder bezeugt, seine Zurückhaltung nicht zu überwinden: »Von vornherein fühlte er sich infolge ungenügender Sprachkenntnisse französischen Partnern gegenüber unter dem eigenen Niveau, verkrümelte sich, schwieg« (TK, S. 58). Frühjahr 1938 reiste Döblin gemeinsam mit Minder ins Elsaß. Auf der Reise hielt er im Mai 1938 in Nancy vor Studenten einen Vortrag über »Berlin Alexanderplatz« (über andere Themen sprach er in dieser Zeit mehrfach an der Sorbonne). Der Vortrag wurde anschließend in Straßburg wiederholt, von wo aus Döblin einen Abstecher nach Hagenau unternahm, um Erinnerungen an die dort im Kriegsjahr 1917/18 verbrachte Zeit aufzufrischen und das elsässische Dekor für den ersten Band seines großen Romanwerks »November 1918« zu verifizieren. Obwohl er noch Ende 1937 seinem Sohn Peter mitgeteilt hatte, er habe vorläufig keine Lust zu einer neuen großen literarischen Arbeit, reichen die konkreten Pläne zum »November«-Buch doch ins Jahr 1937 zurück und fiel die Reise ins Elsaß bereits in die Zeit der Niederschrift des ersten Bandes.

Spätsommer und Herbst 1938 verbrachte Döblin in der Bretagne; erst in Trégastel, dann, um sich angesichts der massiven Kriegsdrohungen Hitlers nicht den Gefahren einer möglichen Bombardierung von Paris auszusetzen, in Dinard. Als der Erfolg der diplomatischen Verhandlungen in der tschechoslowakischen Frage in Sicht war, kehrte Döblin nach Paris zurück und konnte erleichtert aufatmen. Andererseits fürchtete er eine womöglich noch über München hinausgehende Bereitschaft Frankreichs und Englands, sich mit Hitler zu arrangieren. Nach der Annexion Österreichs (sie traf ihn insofern unmittelbar, als die Gestapo das Wiener Lager des Bermann-Fischer Verlags beschlagnahmte und so die Auslieferung seiner Bücher unmöglich machte) und der deutschsprachigen Tschechoslowakei schwoll der Emigrantenstrom nach Frankreich erneut an und drängte bereits nach Amerika. Trotz der allgemeinen Unruhe unter den Emigranten dachte Döblin jedoch zu dem Zeitpunkt noch nicht daran, Frankreich zu verlassen.

Wieder in Paris, trat Döblin für Momente aus seiner Abgeschiedenheit und wurde Mittelpunkt der nun nachgeholten Feierlichkeiten zu seinem 60. Geburtstag. Am 27 Sept. 1938 veranstaltete der ›Bund Neues Deutschland‹ unter der Regie Hans Siemsens im Restaurant Cercle des Nations eine Feier, auf der *Anna Seghers* und *Heinrich Mann* sprachen. Am 14. Oktober wurde Döblin im ›Schutzverband‹ geehrt. Hier ergriffen *Arnold Zweig* und *Ludwig Marcuse* das Wort. Döblin selbst las aus dem schon weit vorangeschrittenen Manuskript des ersten Teils des »November«-Romans. Dieser Teil gelangte Anfang 1939 zum Abschluß, wurde am 4. Februar an *Fritz Landshoff* nach Amsterdam abgesandt und kam Herbst 1939 unter dem Titel »Bürger und Soldaten 1918« heraus. Es war Döblins letzte Veröffentlichung im Querido Verlag, eine seiner letzten Publikationen überhaupt auf Jahre hinaus, die zudem infolge der Wirren des Kriegsausbruchs fast unbemerkt blieb und auch nach Kriegsende lange Zeit so gut wie verschollen blieb.

Während die Kriegsgefahr immer akuter wurde, reiste Döblin im April/Mai 1939 nach New York, um am Jahreskongreß des internationalen PEN teilzunehmen. Ein bekanntes Photo zeigt ihn beim offiziellen Bankett des Kongresses an der Seite des amerikanischen Präsidenten Roosevelt. Durch die Festigung alter und das Anknüpfen neuer persönlicher Kontakte war die Reise vor allem im Hinblick auf die nahe Zukunft wertvoll. Neben dem Sohn Peter traf er hier u. a. Elvira und Arthur Rosin wieder und lernte Dudley Wadsworth und die Journalistin Dorothy Thompson kennen. Ein letztes Mal sah er auch *Ernst Toller*, nur wenige Tage vor dessen Tod am 22. Mai 1939. Ende Mai war Döblin wieder in Paris. Unmittelbar bei Ausbruch des Zweiten Weltkriegs verließ er dann mit seiner Frau und dem jüngsten Sohn Stephan abermals Paris und suchte Zuflucht im ca. 200 km südöstlich gelegenen Avallon. Doch kehrte er von dort schon bald nach Paris zurück und wohnte, nachdem die Wohnung aufgegeben, Möbel und Teile der Bibliothek auf einen Speicher gelagert und die Manuskripte versteckt worden waren, seit etwa November 1939 in den Pariser Vororten Marly le Roi und St. Germain en Laye. Durch Vermittlung Robert Minders wurde er als ›collaborateur de la Section Germanique‹ dem *Jean Giraudoux* unterstehenden und vom Hotel Continental aus agierenden französischen Informationsministerium verbunden. Gemeinsam mit den Germanisten *Edmund Vermeil, Ernest Tonnelat, Albert Fuchs, Pierre Bertaux* und Minder war er hier von etwa Oktober 1939 bis Juni 1940 für die Gegenpropaganda verantwortlich. Die Tätigkeit, mit ganz unzulänglichen Mitteln betrieben, bestand in der Abfassung von Broschüren, Aufrufen, Reden und der Redaktion der satirischen Zeitung ›Fliegende Blätter‹, für die Döblin eine von Franz Masereel illustrierte »Ballade von den drei Räubern« geschrieben haben soll. Nur die wenigsten Texte gelangten zum propagandistischen Einsatz. Den Mitarbeitern selbst wurde die Absurdität ihres Tuns schnell klar. Obwohl Döblin zeitweilig täglich ins Hotel Continental kam, war die Bindung an das Ministerium doch nicht so eng, daß seine schriftstellerische Arbeit darüber zum Erliegen gekommen wäre. Vielmehr machte der zweite, später aufgeteilte Band des »November 1918« schnelle Fortschritte und wurde nach eigener Angabe am 16. Mai 1940 beendet. Außerdem bereitete Döblin damals eine gekürzte Ausgabe von »Das Land ohne Tod« für die Alliance Book Corporation vor, die dann jedoch, trotzdem das Buch schon teilweise von M. Owens ins Englische übertragen worden war, nicht zustande kam. Ferner besorgte er für die von Alfred O. Mendel herausgegebene Reihe ›The living thougths library‹ Einleitung und Auswahl eines Confuzius-Bandes, der noch 1940 erschien. *Kierkegaard*, den er sich bereits 1935/36 entdeckt hatte, *Johannes Tauler* und *Pascal* bildeten neben einer umfänglichen Fachliteratur zu den Revolutionsereignissen der Jahre 1918/19 die bevorzugte Lektüre Döblins zu jener Zeit.

Im Mai/Juni 1940 überstürzten sich die äußeren Ereignisse und wurden Döblins schlimmste Befürchtungen bestätigt. Bereits Ende Mai riet Robert Minder zur Abreise Erna Döblins nach Le Puy. Am 10. Juni, vier Tage vor der Besetzung durch deutsche Truppen, verließ auch Döblin, das Manuskript des zweiten »November«-Bandes im dürftigen Gepäck, zusammen mit den Behörden Paris. Es begann eine etwa einmonatige Irrfahrt quer durch Frankreich, die den nun einundsechzigjährigen Dichter in die trostloseste Verfassung brachte. Teilweise im LKW und Viehwagen gelangte er über Tours und Moulins nach Cahors. Nach Auflösung seiner Dienststelle schlug er sich von dort auf eigene Faust nach Le Puy durch, das jedoch knapp vor seiner Ankunft von Erna Döblin verlassen worden war, und strandete Ende Juni im Flüchtlingslager von Vernère bei Mende. Er war hier ohne jeglichen Kontakt zu seiner Familie und seit dem Waffenstillstand vom 22. Juni 1940 in ständiger Furcht vor der drohenden Auslieferung an die Deutschen. In der Verlorenheit dieser Situation hatte Döblin angesichts des Kruzifixes in der Kathedrale von Mende ein zwar möglicherweise nachträglich von ihm selbst etwas stilisiertes, aber wohl doch für seine Konversion wesentliches mystisch-religiöses Erlebnis.

Anfang Juli traf er in Toulouse seine Frau wieder und entschloß sich auf deren Vorschlag sogleich, weiter nach Amerika zu emigrieren. Amtliche und finanzielle Hindernisse stellten sich dem Vorhaben zunächst in den Weg, wurden aber dank der außerordentlichen Energie Erna Döblins und dank zahlreicher Helfer von außen überwunden. Zu denen, ohne die die Ausreise nach Amerika nicht möglich geworden wäre, gehörten Peter Döblin, Arthur Rosin, Dudley Wadsworth, Erika Mann, Bruno Walter, das ›American Jewish Joint Distribution Commitee‹ und das ›Emergency Rescue Commitee‹ (in diesem besonders Hermann Kesten und Dorothy Thompson), die das Geld für die Überfahrt zusammenbrachten, sodann Varian Fray, W. H. Sharp und die von Ilja M. Dijour geleitete ›Hebrew Immigrant Aid Society‹ (HIAS). Am 25. Juli erhielt Döblin in Marseille auf sechs Monate begrenzte Notvisa für die USA. Er reiste über Barcelona und Madrid nach Lissabon, schiffte sich am 3. Sept. auf der Nea Hellas ein und erreichte am 12. Sept. 1940 New York. Fünf Jahre amerikanisches Exil begannen.

In New York, wo *Hermann Kesten* ihn vom Schiff abholte und *Arthur Rosin* ihm zu Ehren einen Lunch gab, wäre Döblin gerne geblieben. Hier wohnten einige Freunde, auch sein Sohn Peter, und die Stadt sagte ihm zu. Neben Los Angeles, das er abschätzig »eine Gegend und keine Stadt« nannte, sollte ihm New York immer wie seine amerikanische Heimatstadt vorkommen. Aber er sah keine Möglichkeit, sich hier wirtschaftlich über Wasser zu halten. Er nahm daher einen schon vorher für ihn vom ›Emergency Rescue Commitee‹ mit der Metro Goldwyn Mayer in Hollywood vereinbarten einjährigen Kontrakt als writer an, der ihm 100 Dollar Wochenlohn garantierte, und ging in den ersten Oktobertagen 1940 nach Los Angeles. Dort wurde er von Liesl Frank, Charlotte Dieterle und Alexander Granach empfangen, und der ›Jewish club of 1933‹, der schon bei seiner Ankunft ein von Leopold Jessner unterzeichnetes Willkommenstelegramm sandte, veranstaltete am 26. Oktober einen Begrüßungsabend für ihn. Man tat viel, um Döblin ein Gefühl der Zugehörigkeit zur kalifornischen Kolonie deutscher Emigranten zu geben. Auch bei der Regelung seiner äußeren Lebensumstände, namentlich der Lösung des Wohnungsproblems, war man ihm behilflich. Vorerst im Hotel untergebracht, zog er Ende November 1940 in eine Appartement House (1842, Cherokee Avenue) in Hollywood und konnte Februar 1941 für 60 Dollar ein kleines, nicht einmal ärmliches Haus (901, Genese Avenue) mieten. Trotz der zahlreichen Kontakte mit Emigranten – genannt seien u. a. *Bertolt Brecht, Heinrich Mann, Lion Feuchtwanger, Ernst Toch, Berthold Viertel, William Dieterle, Bruno Frank* – hatte Döblin jedoch in Kalifornien (vielleicht bis auf Ludwig Marcuse, mit dem er noch später in enger Verbindung blieb) keine wirklichen Freunde und gewann sie auch in den folgenden Jahren nicht. Ideologische und persönliche Differenzen, sowie eine kompliziert geschichtete Skepsis gegenüber dem gesamten Phänomen der Emigration gehörten zu den Ursachen hierfür. Hinzu kam, daß die Pariser Schwierigkeiten sich in Amerika wiederholten und Döblin wegen seiner ungenügenden Kenntnis des Englischen auch zu Amerikanern keine engeren Beziehungen anzuknüpfen vermochte. Er empfand Sympathie für den unverkrampften amerikanischen Lebensstil, doch es mangelte ihm selbst an Flexibilität, etwas wohl auch am guten Willen, sich mit der wenig idealen Realität zu arrangieren. So lebte er hier als ein zwar nicht im Stich gelassener, aber eben als ein Unangepaßter, der außerhalb Deutschlands, besser Berlins, nicht auf seine Kosten kam. Ein Leben auf Abruf und wartend auf bessere Zeiten.

Gleich nach der Ankunft in Kalifornien hatte Döblin seine Tätigkeit beim Film aufgenommen. Nachdem er anfänglich vor allem zu Hause arbeiten konnte und outlines einiger seiner Romane anfertigte, wurde er bald gemeinsam mit *Alfred Polgar* und *Walter Mehring* einem unter der Leitung *Georg Fröschels* stehenden Team zugeteilt und hatte von ca. 10–17 Uhr seine festen Arbeitszeiten im office. Obwohl er dem Film als einem Medium der modernen Zeit an sich immer aufgeschlossen gegenübergestanden hatte, eifriger Kinogänger war und einst eine Lanze für die Subkultur des »Kintopp« gebrochen hatte, zeigte Döblin sich an der praktischen Filmarbeit völlig unbeteiligt. Er lieferte einige Beiträge zu den Verfilmungen von »Mrs. Miniver« und »Random Harvest«, blieb aber an den fertigen Filmen, auch als beide Welterfolge wurden, uninteressiert. Der kollektive Schaffensprozeß war ihm tief fremd und die Realität vom Dichter auf Wochenlohn empfand er als unwürdig. Da außerdem die weitaus meisten seiner Entwürfe keine Verwendung fanden, begann Döblin sich im story departement schnell zu langweilen und wandte sich wieder der eigenen literarischen Arbeit zu.

Innerhalb kurzer Zeit entstand damals, schon Januar 1941 beendet, das erste Buch der dann nach Kriegsende in Baden-Baden weitergeführten, Döblins Flucht durch Frankreich darstellenden »Schicksalsreise«. Unter dem Titel ›Robinson in Frankreich‹ hoffte Döblin, es auf deutsch, womöglich auch in englischer Übersetzung erscheinen zu lassen. Seine Hoffnungen wurden enttäuscht. Wie in den nächsten Jahren immer wieder, mußte er die Schwierigkeit, ja Unmöglichkeit erkennen, in Amerika, wo sein Name keinen Kredit hatte, einen Verleger zu finden. Vergeblich sandte er das Manuskript an *Gottfried Bermann-Fischer* und *Fritz Landshoff*, über deren mangelnde Initiative, sich in Amerika für die deutsche Literatur einzusetzen, er klagte. Vorstöße bei den amerikanischen Verlagen Little Brown und Harcourt Brace blieben gleichfalls ergebnislos. Mit dem Manuskript des zweiten »November«-Bandes, den er nun noch einmal durcharbeitete und im Herbst 1941 in Reinschrift fertigstellte, erging es ihm nicht anders. Und auch die Pläne zu einer englischen Ausgabe des »Wang-lun« bei der Viking Press Benjamin Huebschs, die einst die Übersetzung von »Berlin Alexanderplatz« gebracht hatte, zerschlugen sich.

Der literarische Mißerfolg auf der ganzen Linie war um so niederdrückender, als am 7. Okt. 1941 sein Vertrag bei Metro Goldwyn Mayer auslief und trotz der Vermittlung *Thomas Manns* nicht verlängert wurde. Da auch die Hoffnung auf gelegentliche Wochenverträge voreilig war, verdüsterte sich die materielle Perspektive vollends. November 1941 sah Döblin sich daher gezwungen, das erst seit einem halben Jahr bewohnte Haus in der Genese Avenue aufzugeben. Er zog in eine enge, statt 60 nur 35 Dollar Monatsmiete kostende Wohnung (1347, North-Citrus Avenue), in der er bis 1945 blieb. Die Wohnung war unmöbliert; die Einrichtung mußte teilweise von Bekannten zusammengestoppelt werden. Tochs etwa steuerten Couch, Bett und Teppich bei, Dieterles schenkten Gardinen und Haushaltsgegenstände. Döblin spielte in dieser Zeit mit dem Gedanken, wieder psychiatrisch tätig zu werden und erwähnte im Februar 1942 gegenüber Athur Rosin sogar, daß er sich um eine Stelle als Hilfsarzt bemühte. Immerhin brauchte es so weit nicht zu kommen, da der zur Unterstützung emigrierter Autoren gegründete ›European Film Fund‹ sich wirksam für ihn einsetzte. Dieser Fonds, über den auch Feuchtwanger und, zeitweise, Brecht für Döblin zahlten, drohte zwar, da er sich aus unregelmäßigen Quellen speiste, immer wieder zahlungsunfähig zu werden, so daß die Sorge um die nächste Zukunft Döblin nie verließ; er konnte Döblin aber schließlich doch bis Ende des Exils unterhalten. Mit kleinen Summen half ferner Peter Döblin, und in besonders kritischen Momenten durfte er auf Arthur Rosin rechnen. Für eine Hilfsaktion, wie er sie einst für Musil organisiert hatte, hielt Rosin die Zeitumstände dagegen nicht geeignet. Auch an die Möglichkeit eines Stipendiums der ›Guggenheim-Foundation‹ dachte Döblin. Als er sich für 1943 bewarb, wurde er jedoch abgewiesen. Nicht ohne einen gewissen

Groll ließ es ihn, daß Hermann Broch sein Guggenheim-Stipendium zuvor mehrere Jahre genossen hatte.

Zweifellos beeinflußt durch die widrigen äußeren Lebensumstände der Jahre 1940/41, denen er ein »Denkmal« zu setzen beabsichtigte, vollzog Döblin Ende 1941 das zentrale biographische Ereignis seiner amerikanischen Emigrationsjahre: die Konversion. Sieht man von der allgemeinen, im gesamten schriftstellerischen Werk erkennbaren irrationalen Disposition Döblins ab, so liegen die Ansätze der Beschäftigung mit in engerem Sinn christlicher Philosophie und Mystik in der Pariser Zeit. In Hollywood setzte Döblin die Annäherung an das Christentum über die Lektüre von u. a. *Augustin, Thomas von Aquin, Therese von Avila, Meister Eckhart* und *Thomas von Kempen* fort und begann die Suche nach der institutionell gebundenen christlichen Konfession. Zunächst hatte er Kontakte zu Unitariern, deren undogmatisches, auf praktische Menschlichkeit zielendes Wesen ihn beeindruckte. Er lehnte aber die gedankliche Abstraktheit und farblose Nüchternheit des Unitarismus ab und soll, hier wie im Protestantismus überhaupt, die mangelnde Versinnbildlichung der christlichen Lehre bedauert haben. Wie im Entstehungsprozeß mehrerer seiner Romane, so spielten Bilder auch in Döblins Verhältnis zum Christentum eine hervorragende Rolle, und nicht zufällig bewahrt der Nachlaß eine Reihe in Amerika gesammelter Marienbildchen auf. Im Sommer 1941 wurde Döblin von dem Kunsthistoriker *Alois Schardt,* einem der wenigen katholischen Emigranten, die er in Hollywood kannte, mit Jesuiten der nahe seiner Wohnung gelegenen Blessed Sacrament Church in Verbindung gebracht. Anfänglichen informativen Gesprächen mit den Jesuiten, von denen die Patres Ring und Mc Coy namentlich erwähnt werden, folgten katechetische Unterweisungen, die den Übertritt zum Katholizismus unmittelbar vorbereiteten. Am 30. Nov. 1941 wurde Döblin mit seiner Frau und Sohn Stephan getauft; am 31. Mai 1942 erfolgte die Kommunion. Da Döblin sich darüber im klaren war, daß man seine Konversion gerade zu jener Zeit auf jüdischer Seite als Verrat an der Sache der Juden mißverstehen würde und ihm künftig womöglich jede Hilfeleistung verweigern könnte, war er auf strengste Geheimhaltung des Schrittes bedacht. Ernst Toch und Elisabeth Reichenbach sollen zu den wenigen Eingeweihten gehört haben. Erst nach Kriegsende wurde die Konversion allgemein bekannt, führte aber auch dann noch zum Bruch mit zahlreichen Döblin früher nahestehenden Juden und löste Reaktionen der Verständnislosigkeit und Empörung bei Liberalen und Linken aus, die geglaubt hatten, sich auf Döblin als einen Protagonisten des Atheismus verlassen zu können.

In den meisten nach der Konversion entstandenen Werken wurde die christliche Thematik zu einem bestimmenden Element, die Einmontierung von Bibelzitaten zu einer in hoher Frequenz angewandten Praxis. Undifferenziert wäre indessen die Annahme, als hätte Döblin mit der Konversion fraglose Glaubensgewißheit gefunden und auch sein altes Mißtrauen gegenüber Institutionen zumindest für den Sonderfall der katholischen Kirche überwunden. Döblin vermied vielmehr den doktrinären Begriff ›Katholizismus‹ und bezeichnete sich immer nur ganz allgemein als Christen. Sein Christentum, in dem Jesus und Maria zentral standen, war »bis zuletzt von sehr freier und schweifender Art« (Weyembergh-Boussart, S. 366). In Aufzeichnungen der letzten Lebensjahre läßt sich sogar ein deutliches Abrücken vom Christentum und die stärkere Wiederaufnahme naturmystischer Vorstellungen erkennen, die Döblin im übrigen nie verleugnet hatte.

Unmittelbaren Niederschlag fand die Konversion in dem 1942 geschriebenen Religionsgespräch »Der unsterbliche Mensch«, das im Dialog zwischen dem »Älteren« und dem »Jüngeren« die neu gewonnene christliche Position des Dichters gegen seine frühere atheistische Haltung zu rechtfertigen sucht und bei seiner Veröffentlichung nach Kriegsende als Entgegnung auf die vielen skeptischen Fragen und Zweifel, denen sich Döblin ausgesetzt sah, erhebliche Wirkung hatte. Vor allem aber kehrte Döblin Anfang 1942 zu der Arbeit am »November«-Roman zurück, dessen letzten Band »Karl und Rosa« (seine bedeutendste Leistung des amerikanischen Exils) er nun begann.

Wie so häufig stellten sich wieder Probleme bei der Materialbeschaffung ein, die auch von der Public Library of Los Angeles und der University Library of California, wo er häufig arbeitete, nicht gelöst werden konnten. Entscheidende Hilfe scheint dann jedoch die ihm besonders empfohlene Hoover Library on War, Revolution and Peace der Stanford University geleistet zu haben. Einen ungefähren Eindruck vom Ausmaß der historischen Vorarbeiten zu »Karl und Rosa« vermittelt eine im Nachlaß befindliche Literaturliste, die Titel von u.a. A. Bryant, H. Strobel, H. von Zwehl, K. Radek, G. Noske, G. Maercker, K. Kautsky, W. Herzfelde, E. Buchner und E. Bernstein verzeichnet. Der Schlußband des »November«-Romans beschäftigte Döblin das ganze Jahr 1942 hindurch und stand im Dezember offenbar kurz vor dem Abschluß. Eine schwere Herzattacke, die ihn im Dezember traf und wegen gleichzeitiger Erkrankung Erna Döblins sogar seine vorübergehende Unterbringung in einem ›resthome‹ notwendig machte, verzögerte jedoch die Fertigstellung, und erst am 21. Mai 1943 teilte er seinem Sohn Peter die Beendigung des Buches mit. Während des Sommers diktierte Döblin dann das Manuskript einer vom Film Fund bezahlten Stenotypistin.

Nach sechsjähriger Arbeit lag etwa im September 1943 der gesamte, anfänglich als Trilogie konzipierte, durch die Aufspaltung des Mittelteiles aber zur Tetralogie ausgeweitete »November 1918« vor, der somit die vier Bände »Bürger und Soldaten 1918«, »Verratenes Volks«, »Heimkehr der Fronttruppen« und »Karl und Rosa« umfaßte (zur außerordentlich unübersichtlichen Edition s. Bibl.). Döblin bemühte sich 1943/44 mehrfach, den Roman, eventuell nur teilweise und in englischer Übersetzung, herauszubringen. Vergeblich. Das einzige, was damals daraus gedruckt wurde, ist das kleine Kapitel »Der Chefarzt« aus »Bürger und Soldaten 1918«, das unter dem Titel »The Chief« 1943 in eine von Klaus Mann und Hermann Kesten herausgegebene Anthologie Aufnahme fand, und ein Teil der Stauffer-Geschichte des »November«-Romans, der als »Nocturno« 1944 bei der Pazifischen Presse erschien. Damit ist zugleich der Gesamtumfang von Döblins Publikationen aus fünf Jahren amerikanischer Emigration exakt angegeben.

Zuversichtlich wurde er noch einmal für kurze Zeit, als es Anfang 1944 zur Gründung des deutschen Emigrantenverlags Aurora kam, für den er selber als Mitbegründer zeichnete. Aber erst 1946 erschien hier als einzige Veröffentlichung Döblins der größere Vorabdruck aus dem »November«-Buch »Sieger und Besiegte«.

Wie in Paris sein 60., so wurde in Hollywood Döblins 65. Geburtstag Anlaß zu einer größeren Feierlichkeit, die am 14. Aug. 1943 in einem Kino von Santa Monica zahlreiche Emigranten zusammenführte. Wieder hielt *Heinrich Mann* eine Ansprache. Döblins Rede, die kryptische Anspielungen auf die Wendung des Dichters zu Christentum machte, befremdete viele der Gäste und veranlaßte *Brecht* zu seinem Gedicht »Peinlicher Vorfall«.

Noch Ende 1943/Beginn 1944 entstand die Erzählung »Der Oberst und der Dichter«, die allerdings durch den metrischen Leierkasten ihrer aufdringlichen Knittelreime, trotz heute gelegentlich versuchter Ehrenrettung (z. B. A. W. Riley in: Nachw. AW 17), wohl zum Fatalsten gehört, was Döblin je schrieb. 1944 entstanden die beiden Erzählungen »Reiseverkehr mit dem Jenseits« und »Märchen vom Materialismus«. 1945 begann Döblin die ersten Erzählungen zu »Hamlet oder Die lange Nacht nimmt ein Ende«, die zunächst einzeln entstanden und erst später in den Roman eingeschmolzen wurden.

Die Hoffnung, in Amerika literarisch doch noch »irgendwie zu Wort zu kommen«, hatte Döblin inzwischen resigniert aufgeben:

»Wenn ich nicht tot bin, wie ist man denn tot?« (AW 13, S. 287). So
wandte er schon seit 1943 den Blick stärker nach Deutschland und
beschäftigte sich mit dem Gedanken an eine mögliche Rückkehr,
sobald sich die Niederlage Hitlerdeutschlands vollendet hätte. Es
war ihm klar, daß er keinen Tag länger als notwendig in Amerika
bleiben würde.

Im Frühjahr 1945 traf ihn die Nachricht vom längst befürchteten
Tod seines Sohnes Wolfgang, der sich schon 1940 (er kämpfte als
Soldat an französischer Seite) das Leben genommen hatte, um sich
der Gefangennahme durch deutsche Truppen zu entziehen.

Im Sommer/Herbst 1945 wurde Döblins materielle Lage unhalt-
bar. Die Unterstützung durch den Film Fund war nur noch von
Monat zu Monat garantiert und hörte im September ganz auf.
Nachdem Bekannte wiederum das Geld für die Überfahrt zusam-
mengebracht hatten, reiste Döblin nach New York und verließ am 8.
Okt. 1945 an Bord der Argentine Amerika. Das zweite Buch der
»Schicksalsreise« schließt mit den Sätzen: »Viel ist uns in diesem
Land zuteil geworden. Leb wohl, Amerika. Du hast mich nicht
gemocht. Ich liebe dich doch« (AW 19, S. 366).

Zur Biographie

Selbstzeugnisse: Schicksalsreise, in: AW 19, S. 103–366; Journal 1952/53, in:
  AW 19, S. 453–539 (passim); Briefe, in: AW 13, S. 172–322.
Literatur: *Fröschel, G.:* D. in Hollywood, in: Die Zeit v. 15. 6. 1962, z. T.
  ebenso in: AW 13 S. 584–586; *Graber, H.,* in: Nachw. AW 13,
  S. 671–675; *Hofe, H. v.,* in: GQ 17 (1944), S. 28–31; *Huguet 1,* Bd 1,
  S. 102–165, 222–230, 288–289; *Huguet 3,* S. 106–163; *Kesten, H.:* A. D.,
  in: H. K., Lauter Literaten, 1963, S. 410–417; Katalog *Meyer,* S. 34–47,
  339–405; *Minder 1,* S. 170; *Minder 2,* S. 6–7, 12–16; *Minder 3,* S. 57–62;
  Schröter 2, S. 115–127; *Weyembergh-Boussart,* S. 213–222, 259–269.
Zum 60. und 65. Geburtstag: *J. G.,* in: Das Wort 3 (1938), H. 9, S. 140;
  Kesten, H., in: NTB 6 (1938), S. 784–785; *Mann, H.,* in: Ausgew. Werke
  in Einzelausgaben, Bd 13, 1962, S. 493–496; *Mann, Th.,* in: Ges. Werke,
  Bd 10, 1960, S. 489–490; *Marcuse, L,* in: PTZ v. 14. 8. 1938; *Viertel, B.,* in:
  Aufbau (New York) v. 20. 8. 1943.
Konversion: *Baden,* S. 162–177; *Gorski, H.:* Weg und Wandlung A. D.s, in:
  Stimmen der Zeit 41 (1947/48), S. 345–362, ebenso in: A. D. 70, S. 63–83;
  Hersche, O.: Die Konversion A. D.s, in: die Ostschweiz v. 5. 8. 1960;
  Huguet 1, Bd 1, S. 153–165; *Minder 1,* S. 179–181; *Minder 2,* S. 9–10;
  Müller-Salget, S. 385–390; *Muschg,* S. 131–134; *Weyembergh-Boussart,*
  S. 104–118, 191–212, 282–371; s. ferner: AW 13, S. 591.

Literarische Tätigkeit 1933–1945

Größere erzählende Prosa:

»Babylonische Wandrung oder Hochmut kommt vor dem Fall«
Entstehung: Zürich, Paris 1933/34. – Handschrift: Ms. mit Varianten,
SNM. – Druck: Querido Verlag, Amsterdam 1934, ebenso: AW 5. –
Übersetzung: Voyage babylonien, Paris 1937. Selbstzeugnisse: Schick-
salsreise, in: AW 19, S. 367–368; Epilog, in: AW 8, S. 391–392, ebenso in:
AW 19, S. 446; Brief an F. Lion (22. 5. 1934), in: AW 13, S. 192. –
Literatur: *Daiber, H.:* Spiel mit Worten, Taten und Untaten, in: Deutsche
Ztg. v. 15. 9. 1962; *Elshorst,* S. 76–81; *Horbach, E.,* in: De Weegschaal
(Rotterdam) 1 (1934), S. 104–105; *Horst, K. A.:* Der göttliche Sündenfall,
in: FAZ v. 4. 8. 1962; *Jennings,* S. 180–237; *Kesten, H.,* in: Die Sammlung
1 (1933/34), S. 660–663; *Kiesel,* S. 96–131; *Kobel,* S. 289–311; *Kort,* S.
84–96; *Links,* S. 144–149; *Marcuse, L.:* D. über Gott und die Welt und
einiges mehr, in: NTB 2 (1934), S. 523–524; *Martini,* S. 348–351; *Müller-
Salget,* S. 367–369; *Muschg, W.:* Nachw. AW 5, S. 667–679; *O'Neill;
O'Neill, P.:* Babylonische Wandrung, in: Zu A. D., S. 149–159; *Stübs, A.:*
Der babylonische Narziß, in: NDB 1, (1933/34), S. 639–642; *Watt;
Weyembergh-Boussart,* S. 223–231, 241–258.
»Pardon wird nicht gegeben«
Entstehung: Paris 1934. – Handschrift: nicht ganz vollst. Ms., SNM. –
Druck: Querido Verlag, Amsterdam 1935, ebenso: AW 2. – Erste Über-
setzungen: Men without mercy, London 1937; Sienza quartiere, Mailand
1937; Poščady net, Moskau 1937; Nie ma pardonu, Warschau 1937; No
habrá perdón, Buenos Aires 1943. – Selbstzeugnisse: *Minder 3,* S. 60;
Epilog, in: AW 8. S. 392, ebenso in: AW 19, S. 446. – Literatur: *Auer,*
S. 31–41; *Claas, H.:* Psychologischer Familienroman in gesellschaftskriti-
scher Absicht. A. D.s Pardon wird nicht gegeben, in: Faschismuskritik
und Deutschlandbild im Exilroman, hrsg. v. C. Fritsch u. L. Winckler,
1981, S. 53–65; *Elshorst,* S. 82–89; *Ferris,* S. 112–120; *Hermsdorf, K.:*
Nachw. Pardon wird nicht gegeben, Berlin 1961, S. 391–402; *Horst, K.
A.:* Unterm Hammer, in: FAZ v. 31. 12. 1960; *Kesten, H.:* Brutstätte des
Unheils, in: Die Zeit v. 15. 9. 1961; *Kort,* S. 97–106; *Lion, F./Daiber, H.:*
In der Dichtung alles spüren, in: Deutsche Ztg. v. 24./25. 6. 1961; *Links,
R.:* Roman des Leidens an Deutschland, in: NDL 10 (1962), Nr 2,
S. 117–124; *Links,* S. 155–164; *Minder, R.:* Marxisme et psychoanalyse
chez A. D., in: Revue de l'Enseignement des Langes Vivantes 1937,
S. 209–221; *Müller-Salget,* S. 369–371; *Muschg, W.:* Nachw. AW 2,
S. 373–384; M. M. B., in: De Hollandsche Revue 40 (1935), S. 334–335;
O'Neill, P.: The anatomy of crisis: A. D.s novel Pardon wird nicht gege-
ben, in: Seminar 14 (1978), S. 195–214; *Rauch, K.:* D.s zweiter Berliner
Roman, in: Telegraph v. 18. 12. 1960; *Schröter 1,* S. 99–103; *Schütz, H.,*
in: Die Sammlung 2 (1935), S. 568–572; *Stern, M.,* in: Neue Zürcher Ztg.
v. 10. 12. 1960.

»Südamerika-Roman«

Entstehung: Paris 1935–1937. – Handschrift: unvollst. Ms., SNM. – Druck: mit dem Übertitel »Das Land ohne Tod« in zwei Teilen, Tl. 1: »Die Fahrt ins Land ohne Tod«, Tl. 2: »Der blaue Tiger«, Querido Verlag, Amsterdam 1937 (Tl. 1), 1938 (Tl. 2); ebenso mit dem Übertitel »Das Land ohne Tod«. Südamerika-Roman in 3 Teilen (dieser Titel fehlt in Tl. 3), Tl. 1: »Das Land ohne Tod«, Tl. 2: »Der blaue Tiger«, Tl. 3: »Der neue Urwald« (Buch sechs und sieben aus »Der blaue Tiger«, 1938), Keppler Verlag, Baden-Baden 1947 (Tl. 1 u. 2), 1948 (Tl. 3); als Neudruck mit dem Übertitel »Amazonas«: AW 7 (hier Tl. 3 der Ausgabe v. 1947/48 ausgeschieden); isolierter Druck von Tl. 3 der Ausgabe von 1947/48 »Der neue Urwald«, Verlag Gerstenberg, Hildesheim 1977. – Übersetzungen: Země kde se neu míří, Prag 1938; Prodóz do krainy wiecznego zycia, Warschau 1939; El tigre Asul, Buenos Aires 1945; Le tigre bleu, Paris 1948; Błękitny tygrys, Warschau 1957. – Selbstzeugnisse: Epilog, in: AW 8, S. 393–394, ebenso in: AW 19, S. 446–448; Brief an V. Zuckerkandl (30. 10. 1936), in: AW 13, S. 214–215. – Literatur: *Auer*, S. 41–56; *Braun, H.:* Von der Unbegreiflichkeit Gottes, in: Hochland 41 (1948/49), S. 93–95; *E[ckstein]. P.:* Paraguay, Alexanderplatz, in: Der Standpunkt (Bozen) v. 8. 7. 1949; *Elshorst*, S. 89–105; *Erhardt; Ferris*, S. 120–126; *Gumtau, H.:* A. D. Der blaue Tiger, in: Aufbau 4 (1948), S. 718; *Helwig, W.:* Verratenes Paradies, in: Stuttgarter Ztg. v. 21. 9. 1963; *Kersten, K.:* Die Fahrt ins Land ohne Tod, in: Das Wort 3 (1938), H. 1, S. 135–138; *Kesten, H.:* Die Fahrt ins Land ohne Tod, in: NTB 5 (1937), S. 500–501; *Ders.:* Der blaue Tiger, in: NTB 6 (1938), S. 619–621; *Ders.:* Die Fahrt ins Land ohne Tod. Über A. D.s Roman Amazonas, in: Deutsche Ztg. v. 28. 9. 1963; *Kiesel*, S. 231–270; *Kobel*, S. 312–335; *Kort*, S. 107–117; *Links*, S. 164–181; *Lion, F.:* A. D. Die Fahrt ins Land ohne Tod, in: Maß und Wert 1 (1937/38), S. 141–145; *Ders.:* A. D. Der blaue Tiger, in: Maß und Wert 2 (1938/39), S. 120–122; *Martini*, S. 352–355; *Minder 1*, S. 181–182; *Minder 2*, S. 10; *Müller-Salget*, S. 367–369; *Muschg*, S. 130–131; *Ders.:* Nachw. AW 7, S. 637–655; *Sperber; Weyembergh-Boussart*, S. 232–240, 247–258.

»November 1918«

Entstehung: Paris, Hollywood 1937–1943. – Handschrift: unvollst. Ms., Typoskript aller Bände, Entwürfe, Vorarbeiten, Inhaltsangaben in deutscher u. englischer Sprache, SNM. – Druck: »Bürger und Soldaten 1918« (als erster Band v. »Eine deutsche Revolution«. Erzählwerk in drei Bänden), Bermann-Fischer Verlag, Stockholm u. Querido Verlag Amsterdam 1939; mit dem Übertitel »November 1918. Eine deutsche Revolution«. Erzählwerk (dieser Titel fehlt in Bd 3), Bd 1: »Verratenes Volk« (mit ›Vorspiel‹ aus »Bürger und Soldaten 1918«, 1939), Bd 2: »Heimkehr der Fronttruppen«, Bd 3: »Karl und Rosa. Eine Geschichte zwischen Himmel und Hölle«, K. Alber Verlag, München 1948 (Bd 1), 1949 (Bd 2), 1950 (Bd 3); »November 1918. Eine deutsche Revolution«. Erzählwerk, Bd 1: »Bürger und Soldaten«, Bd 2: »Verratenes Volk«, Bd 3: »Heimkehr der Fronttruppen«, Bd 4: »Karl und Rosa«, Deutscher Taschenbuch Verlag, München 1978. – Übersetzungen: Civiles y soldados, Buenos Aires 1946; Addio al Reno, Turin 1949. – Selbstzeugnisse: Epilog, in: AW 8,

S. 394–395, ebenso in: AW 19, S. 448–449; Brief an F. Lion [1938], Briefe
an V. Zuckerkandl (4. 12. 1938, 3. 2. 1939), alle in: AW 13, S. 229–233. –
Literatur: *Auer*, S. 56–102; *Bitsch, H.:* Das Porträt eines Schriftstellers, in:
Gießener Freie Presse v. 18. 8. 1949; *Eckstein, P.*, in: Der Standpunkt
(Meran) v. 29. 7. 1949, 17. 2. 1950, 20. 10. 1950; *Elshorst*, S. 110–129;
Ferris, S. 126–135; *F[rey]. A. M.:* A. D. Bürger und Soldaten 1918, in: Maß
und Wert 3 (1939/40), S. 403–405; *h[aerdter], r.:* Erzählungen eines
Renegaten, in: Die Gegenwart 5 (1950), Nr 12, S. 21–22; *Kesten, H.:*
Bürger und Soldaten 1918, in: NTB 8 (1940), S. 42–43; *Kiesel*, S. 273–486;
Koepke, W.: Schwierigkeiten bei der Beurteilung von Döblins November
1918, in: Exil: Wirkung und Wertung, Ausgew. Beiträge zum 5. Sympo-
sium über deutsche und österreichische Exilliteratur, S. 195–202; *Kort*,
S. 118–125; *Krüger, H.*, in: Badische Ztg. v. 15. 9. 1949, 5. 10. 1950;
Lahnstein, P.: A. D.s November 1918, in: Stuttgarter Ztg. v. 3. 8. 1949;
Links, S. 181–202; *Ders.:* Mit Geschichte will man etwas. A. D. Novem-
ber 1918, in: Erfahrung Exil. Antifaschistische Romane 1933–1945, hrsg.
v. S. Bock u. M. Hahn, 1979, S. 328–351; *Mader*, S. 249–366; *Martini*,
S. 355–357; *Minder 1*, S. 182–184; *Minder 2*, S. 10–12; *Müller-Salget*,
S. 373–378; *Muschg*, S. 130–131; *Osterle, H. D.:* A. D.s Revolutionstrilo-
gie November 1918, in: Monatshefte 62 (1970), Nr 1, S 1–23, neugefaßt in:
November 1918. Eine deutsche Revolution, 1978, Bd 4, S. 665–695; *Piltz*,
G.: Ein Christ geht durch die Zeit, in: Sonntag v. 6. 4. 1952; *Riley, A. W.:*
The aftermath of the First World War: Christianity and revolution in
A. D.s November 1918, in: The First World War in German narrative
prose. Essays in honor of G. Wallis Field, hrsg. v. C. N. Genno u. H.
Wetzel, 1980 S. 93–117; *Rüdiger, H.*, in: Wiener literarisches Echo 2
(1949/50), S. 17–18, 59–60, 90–91; *Stössinger, F.:* D.s Novemberrevolu-
tion, in: Die Tat (Zürich) v. 9. 12. 1950; *Thieme, K.*, in: Michael v. 6. 8.
1949, 11. 6. 1950; *Vietta, E.:* Dichtung gut – Politik mangelhaft, in: Die
Welt v. 29. 4. 1950; *Weyembergh-Boussart*, s. Register; *Wielek, H.:* A. D.
op vreemde paden, in: Algemeen Handelsblad (Amsterdam) v. 9. 8. 1952.

Essays zur Literatur und Philosophie:

»Jakob Wassermanns letztes Buch«, in: Die Sammlung 1 (1933/34),
S. 517–523.

»Historie und kein Ende« in: PTB v. 5. 1. 1936, ebenso in: Zeitlupe,
S. 193–196.

»Der historische Roman und wir«, in: Das Wort 1 (1936), H. 4, S. 56–71,
ebenso in: AW 8, S. 163–186. – Lit.: *Ribbat*, S. 108–109; *Žmegač*,
S. 316–320.

»Prometheus und das Primitive«, in: Maß und Wert 1 (1937/38), S. 331–351,
ebenso in: AW 14, S. 346–367. – Lit.: *Kreutzer*, S. 69–70; *Müller-Salget*,
S. 380–383.

»Die deutsche Literatur (im Ausland seit 1933)«, Verlag Science et Littérature, Paris 1938, erster Teil ebenso in: AW 8, S. 187–210; Neufassung

u. d. T. »Die deutsche Utopie von 1933 und die Literatur«, in: GT 1 (1946),
S. 136–147, 258–269; erweiterte Neufassung als Broschüre u. d. T. »Die
literarische Situation«, Verlag P. Keppler, Baden-Baden 1947, teilw.
ebenso in: AW 14, S. 423–438. – Lit.: *Hiller, K.:* Dieser D., in: K. H.,
Köpfe und Tröpfe, 1950, S. 127–135; *Lion, F.,* in: Maß und Wert 2 (1938/
39), S. 854–858; *Lorenz, L. H.:* Der Mensch in der Mitte, in: Die Zeit v.
29. 1. 1948; *Rilla, P.:* Literatur und Lüth, 1948, S. 80–90; *Steiner, J.,* in:
Wetzlarer Neue Ztg. v. 28. 8. 1948; *Weiskopf, F. C. W.:* Ges. Werke, Bd 8,
1960, S. 117–123.

»The living thoughts of Confucius« (presented by A. D. Translation of the
introductory essay by Doris A. Infield), Longmans, Green & Co, New
York, Toronto 1940.

Schriften zur jüdischen Frage:

»Jüdische Massensiedlungen und Volksminoritäten«, in: Die Sammlung 1
(1933/34), S. 19–26.

»Jüdische Erneuerung«, Querido Verlag, Amsterdam 1933. – Lit.: *Ferris,*
S. 96–99; *Goudsmit, S.,* in: Groot Nederland (Amsterdam) 33 (1935),
S. 316–319; *Heller, O.:* Das dritte Reich Israel, in: NDB 1 (1933/34),
S. 304–313; *Lazar, M.:* Die Infektion des Doktor D., in: NDB 1 (1933/
34), S. 380–383.

»Flucht und Sammlung des Judenvolks«, Querido Verlag, Amsterdam 1935,
ebenso: Verlag Gerstenberg, Hildesheim 1977. – Lit.: *B[irnbaum]. N.,* in:
Der Ruf (Rotterdam) 2 (1935), Nr 10, S. 5; *Türk, W.,* in: Die Neue
Weltbühne 32 (1936), S. 432–435.

»Grundsätze und Methoden eines Neuterritorialismus«, in: Freiland (Paris,
einzige deutschsprachige Nummer), Juni 1935, S. 56–82, ebenso in: AW
14, S. 309–338, teilw. ebenso in: Flucht und Sammlung des Judenvolks,
1935, 1977.

»Cil un charakter fun der Frajland-Bawegung« (als Vortrag deutsch auf der
internationalen Territorialisten-Konferenz in London, Juli 1935), Warschau 1935.

»Jüdische Antijuden«, in: NTB 3 (1935), S. 1002–1004.

»Ein unbekanntes Volk«, in: NTB 5 (1937), S. 1122–1124, ebenso in: AW 8,
S. 290–296.

»Der allgemeine Territorialismus«, in: Der jüdische Volksdienst (Rotterdam) 1937, Nr 5, S. 2.

Rezensionen und kleinere Schriften vermischten Inhalts:

[Glückwunsch an Lion Feuchtwanger], in: Die Sammlung 1 (1933/34),
S. 567, ebenso in: AW 8, S. 321–322; Kommandierte Dichtung, in: PTB
v. 12. 12. 1934, ebenso in: AW 14, S. 307–308; Emil Ludwig: Der Nil, in:
PTB v. 15 u. 16. 12. 1935; Das Leben Jakob Wassermanns, in: PTB v. 17.

1. 1936; Neues von Georg Hermann, in: PTB v. 1. 3. 1936; Der Krieg geht weiter, in: PTB v. 5. 4. 1936; Die Saat, in: PTB v. 19. 4. 1936; Alfred Neumann und Ernst Weiss, in: PTB v. 17. 5. 1936; Die letzten Tage der Dichterakademie, in: PTB v. 31. 5. 1936; Das Wort, in: PTZ v. 16. 8. 1936; Von einer Ferienreise, in: PTZ v. 13. 9. 1936; Lektüre in alten Schulbüchern, in: PTZ v. 4. 10. 1936, ebenso in: AW 14, S. 338–343; Kritisches über zwei Kritiker, in: PTZ v. 10. 2. 1937; Verbrannte und verbotene Bücher, in: Der öffentliche Dienst (Zürich) v. 12. 2. 1937, ebenso in: AW 14, S. 343–345; Kleines Märchen, in: NTB 5 (1937), S. 953–954, ebenso in: AW 6, S. 377–379; Miniaturen. Kleine Kriminalität, in: NTB 5 (1937), S. 1078; König und Despot, in: NTB 5 (1937), S. 1194–1196; Bücher über Liebe und Jugend, in: NTB 6 (1938), S. 21–22; Persönliches und Unpersönliches, in: Zu (Paris) 1 (1938), Nr 1, S. 9; Der Nobelpreisträger Frau Buck, in: PTZ v. 27./28. 11. 1938; Politik und Seelengeographie, in: NTB 6 (1938), S. 354–355, ebenso in: AW 14, S. 379–383; Von neudeutschen Schulen, in: NTB 6 (1938), S. 521–523, ebenso in: AW 14, S. 383–389; Das Rote Kreuz, in: NTB 6 (1938), S. 1219–1220, ebenso in: AW 14, S. 389–392; Ein ungedrucktes Buch, in: NTB 7 (1939), S. 380–381; Der Friede von morgen, in: Die Zukunft 2 (1939), Nr 17, S. 4, ebenso in: AW 14, S. 393–395; Ein Testament, in: NTB 8 (1940), S. 232–233; [Ballade von den drei Räubern] (mit Illustrationen v. F. Masereel), Fliegende Blätter, Nr 3, Paris 1940 (verschollen); Das Vakuum nach dem Sozialismus, erstmals in: AW 14, S. 367–374; Zu Rauschnings Buch, erstmals in: AW 14, S. 395–403; Hinweise und Vorschläge für die Propaganda nach Deutschland hinein, erstmals in: AW 14, S. 404–416; Disque pour le front, erstmals in: AW 14, S. 416–418; Programmatisches aus Europa, erstmals in: AW 14, S. 419–422.

Literatur zur Exilzeit allgemein:

Auer, S. 167–178; *Graber, H.:* Politisches Postulat und autobiographischer Bericht. Zu einigen im Exil entstandenen Werken A. D.s, in: Die deutsche Exilliteratur 1933–1945, hrsg. v. M. Durzak, 1973, S. 418–429; *Müller-Salget, K.:* A. D. im Exil, in: Literatur und Germanistik nach der ›Machtübernahme‹. Colloquium zum 50. Wiederkehr des 30. Jan. 1933, hrsg. v. B. Allemann, 1983, S. 118–142; *Sándor, A.:* Ein amerikanischer Verleger und die Exilautoren, in: Deutsche Exilliteratur seit 1933, Bd 1: Kalifornien, Tl. 1, hrsg. v. J. M. Spalek u. J. Strelka, 1976, S. 117–134; *Schiller, D.:* Gemeinsamkeiten und Differenzen bei der Sammlung der Kräfte. Zu D.s Pariser Rede im Januar 1938 und ihrem literaturpolitischen Kontext, in: Sammlung, Jb. für antifaschistische Literatur und Kunst 2 (1979), S. 16–18; *Weissenberger, K.:* A. D. im Exil. Eine Entwicklung vom historischen Relativismus zum religiösen Bekenntnis, in: Colloquia Germanica 1974, S. 37–51; *Ders.:* A. D., in: Deutsche Exilliteratur seit 1933, Bd 1: Kalifornien, Tl. 1, hrsg. v. J. M. Spalek u. J. Strelka, 1976, S. 299–322.

6. »Und als ich wiederkam, da – kam ich nicht wieder«
(1945–1957)

Als einer der ersten Emigrantenschriftsteller kehrt Döblin – mit kurzem Zwischenaufenthalt in Paris, wo seine Frau einstweilen noch als Gast *Ernest Tonnelats* verblieb – nach Deutschland zurück. Obwohl dieser Schritt schon allein aus wirtschaftlichen Gründen unvermeidlich geworden war, hielt Döblin es doch auch für seine Pflicht, im Nachkriegsdeutschland sogleich helfend zur Stelle zu sein und rief anfangs sogar andere Autoren zur Rückkehr auf. Er betrat Deutschland mit vorsichtigem Optimismus und erhoffte für sich selbst, die materielle Abhängigkeit wie die gesellschaftliche und geistige Isolierung seiner unangepaßten Emigrantenexistenz endlich zu beenden und mit seinem Werk wieder den Weg zu Verlegern und Öffentlichkeit zu finden.

Noch von Hollywood aus hatte er die alten Beziehungen zu französischen Bekannten erneuert und durch deren Vermittlung seine Anstellung bei der Kulturbehörde der französischen Militärregierung in Baden-Baden erwirkt. Am 9. Nov. 1945 traf er dort ein und begann, im Rang eines französischen Offiziers mit jedoch gänzlich ziviler Funktion, am 15. November als ›chargé de mission à la Direction de l'Education Publique‹ (später ›chargé des functions de chef du Bureau des Lettres‹) seinen geregelten sieben- bis achtstündigen Dienst. Ohne dabei irgendwelche Entscheidungsbefugnis zu besitzen, war er mit der Durchsicht und Zensur zum Druck vorgesehener Manuskripte beauftragt. Daneben aber bestand seine interessanteste Aufgabe in der Vorbereitung einer literarischen und künstlerischen Zeitschrift, die den Prozeß der geistigen Umerziehung in Deutschland steuern helfen sollte. Um namhafte Mitarbeiter für das Projekt zu gewinnen, wandte er sich sogleich u. a. an Lion, L. Marcuse, Feuchtwanger, Brecht, Kesten, Leonhard, Bloch, H. Mann, anfänglich sogar noch an Th. Mann und Broch. Nach einjähriger Vorbereitung kam unter der Regie Döblins (Herausgeber) und *Anton Betzners* (Redakteur, 1950 von *Wolfgang Lohmeyer* abgelöst) im September 1946 das erste Heft der Zeitschrift heraus, die nach einer Reihe anderer Titelvorschläge schließlich den Namen ›Das Goldene Tor‹ erhielt. Inspiriert durch die Erinnerung an ›the golden gate‹ von San Francisco, wo 1945 die UNO gegründet worden war, wählte Döblin diesen Namen als »Symbol für die menschliche Freiheit und die Solidarität der Völker« (AW 8, S. 378). In seinem »Geleitwort« berief er sich ausdrücklich auf Gotthold Ephraim Lessing. Er gedachte einen Aufklärungsfeldzug gegen die geistige Leere im Nachkriegsdeutschland zu unternehmen und »den Realitätssinn im Lande zu stärken«, wobei die Literatur des Auslands und der exilierten Autoren den Jüngeren die Richtung weisen sollten. Die übrigens mit zahlreichen technischen Mängeln behaftete Zeitschrift war indes nur anfänglich ein Erfolg. Döblin nahm in ihr eine Reihe positiver »Revisionen literarischer Urteile« vor – so in den Fällen *Arno Holz* und *Frank Wedekind* –, gab ihr aber bald ein geradezu antiaufklärerisches Gesicht und machte sie unglücklicherweise zum Instrument seiner aus prinzipiellen literarischen Differenzen wie auch aus persönlicher Mißgunst erwachsenen Polemik gegen *Thomas Mann*, die um so ungerechter war, als dieser sich über Döblin nie anders als mit souveräner Anerkennung und Bewunderung äußerte und sehr maßgeblich an allen Hilfsaktionen beteiligt war, die ihm im amerikanischen Exil zuteil wurden. Um seinen Gegensatz zu Thomas Mann an die Öffentlichkeit zu tragen, bediente er sich in der Zeitschrift u. a. des jungen Arztes und Schriftstellers *Paul E. H. Lüth* und sorgte so (wie auch durch seine Einflußnahme auf Lüths »Literatur als Geschichte«) für einen der heftigsten Literaturskandale der Nachkriegsjahre, was nicht ohne nachteilige Wirkung auf seinen Ruf bleiben konnte. *Paul Rilla* nannte damals in seiner auch heute noch lesenswerten vehementen Streitschrift »Literatur und Lüth« von 1947 Döblins Auftreten gegen Thomas Mann »eine Affäre, die das taktloseste Schauspiel ist, das ein literarisches Deutschland heute der Welt bieten kann«. Döblins eigene Beiträge im ›Goldenen Tor‹ bestanden im wesentlichen aus redaktionellen Einführungen, Buchbesprechungen, Vorabdrucken aus Romanen und der schon älteren, jetzt umgearbeiteten Schrift »Die deutsche Utopie von 1933 und die Literatur« (s. Bibl.). Schon 1948 und 1949 konnten nicht alle vorgesehenen Nummern der Zeitschrift erscheinen. Von 1950 an wurde sie nur noch als Zweimonatsschrift herausgegeben und mußte im April 1951 wegen ständig zurückgehenden Abonnentenzahl und Kürzung der behördlichen Subventionen ihr Erscheinen einstellen.

1946 verfaßte Döblin eine kleine Broschüre über den soeben abrollenden Nürnberger Prozeß unter dem Titel »Der Nürnberger Lehrprozeß«. Diese Schrift – ein anspruchslos aufgemachtes, mit den Bildern der Hauptkriegsverbrecher versehenes 32seitiges Heft, Preis 50 Pfennige, das wohl auch an Kiosken vertrieben wurde – erschien freilich nicht mit Döblins Namen, sondern unter dem Pseudonym ›Hans Fiedeler‹. Trotz der Massenauflage (200 000 Exemplare) scheint dieser Abrechnung mit dem Naziregime und seinen Verbrechen keine große Wirkung beschieden gewesen zu sein. Um den Leser politisch aufzurütteln, hätte es einer anderen forensischen Strategie bedurft als bloß der der Anklage und des moralischen Rigorismus, wie ihn Döblin vertrat. Während der ersten Baden-Badener Monate bewohnte Döblin ein kleines Pensionszimmer am Römerplatz 2. Er genoß als Angesteller der Militärregierung zwar Vorzüge gegenüber der Zivilbevölkerung und hatte sich z. B. um seine Ernährung nicht zu sorgen, mußte aber in manch anderer Hinsicht Notwendigstes entbehren. So beklagte er sich etwa über das Fehlen einer geeigneten Leselampe, ein Mangel, der angesichts seiner schlechten Augen katastrophal war. Erst als Erna Döblin Juni 1946 nach Baden-Baden kam und man in die Schwarzwaldstr. 6 zog, besserten sich die Wohnverhältnisse. Obwohl Döblin in dieser Zeit von seinem Dienst stark beansprucht wurde und in Briefen wiederholt mitteilte, er habe alle eigene literarische Arbeit beiseite geschoben, stellte er doch im ersten Nachkriegsjahr seinen Roman »Hamlet oder Die lange Nacht nimmt ein Ende« fertig. Erst knapp vor der Abreise aus Amerika begonnen, entstand der größte Teil des Werkes damals 1945/46 in Baden-Baden in den Morgenstunden vor dem Dienst. Am 14. Okt. 1946 konnte Döblin an Heinrich Mann schreiben: »ich selbst habe neben meiner vielen dienstlichen Arbeit eben einen großen neuen Roman beendet, betitelt ›Hamlet‹, den ich jetzt abschreiben lasse« (AW 13, S. 356).

Überhaupt entfaltet Döblin in den ersten Nachkriegsjahren noch eine rege Aktivität, die zeigt, wie wenig er auch im Alter willens war, sich im deutschen literarischen Leben mit einer Rolle im Hintergrund zu bescheiden: Im November 1947 begründete er in Lahr bei Baden-Baden den ›Verband Südwestdeutscher Autoren‹; er ergriff die Initiative zu Kontakten zwischen deutschen und französischen Intellektuellen; er nahm Einladungen zu Vorträgen und Diskussionen u. a. in Tübingen, Berlin (das er mit Entsetzen am 9./10. Juli 1947 und nochmals Januar/Februar 1948 wiedersah), Göttingen und Frankfurt a. M. an; vom 10.–16. Sept. 1949 besuchte er die Tagung des PEN-Club in Venedig; nicht zuletzt machte er, wie schon in der Vorkriegszeit, auch nun wieder den Rundfunk zu seinem Medium und sprach im Südwestfunk zwischen 1946 und 1952 vor allem in der Sendung ›Kritik der Zeit‹ anfänglich bis zu dreimal monatlich in der ihm eigenen improvisierenden Form zu verschiedensten kulturellen und politischen Themen.

Wegen Erreichens der Altersgrenze schied Döblin am 1. April 1948 ohne Pensionsanspruch offiziell aus dem Dienst der französischen Militärregierung aus. Als Zivilist blieb er jedoch weiterhin mit der Herausgabe des ›Goldenen Tores‹ betraut und siedelte im Oktober 1949, nachdem er im Jahr zuvor im Baden-Badener Kleinen Theater anläßlich seines 70. Geburtstages geehrt worden war, zugleich mit seiner Behörde nach Mainz über, wo er von nun an auf der Philippschanze 14 wohnte. Der Umzug war auch noch aus einem anderen Grunde notwendig geworden: Döblin gehörte am 9. Juli 1949 in Worms zu den Mitbegründern der von der Besatzungsbehörde nachdrücklich geförderten, von Mainz aus agierenden ›Akademie der Wissenschaften und der Literatur‹ und wurde in der Folge deren Vizepräsident und der Vorsitzende für die Klasse der Literatur, was seine häufige Anwesenheit in Mainz unumgänglich machte. Während seiner Zeit als Vizepräsident bemühte er sich wiederholt um eine Besinnung auf die gemeinsame Basis der Intellektuellen in Ost- und Westdeutschland. Im Gegensatz zu *Johannes R. Becher* und *Arnold Zweig,* die der Ost-Berliner Deutschen Akademie der Künste präsidierten und mit denen er bis zuletzt in ausgesprochen freundschaftlichem Ton verkehrte, baute er dabei auf den vom gemeinsamen Friedenswillen getragenen unorganisierten Kontakt »von ehrlichen Menschen«. Er weigerte sich denn auch kategorisch, mit der Ost-Berliner Akademie in offizieller Funktion als Vizepräsident der Mainzer Akademie zu verhandeln und betonte den strikt persönlichen und inoffiziellen Charakter seiner Schreiben an Becher und Zweig. Daß diese Haltung nicht nur Direktive des damaligen Mainzer Akademiepräsidenten war, sondern durchaus Döblins Überzeugung entsprach, geht deutlich aus einem persönlichen Brief an Robert Neumann vom 16. Juli 1951 hervor, in dem es heißt: »Aber die Freiheit des Schrifttums im Westen und der kulturelle Beirat im Osten sind und bleiben unvereinbar [...] Ich bin für eine klare und radikale Friedensidee, sie kann auf humanistischem Boden stehen oder auf christlichem, aber ich verbitte mir die Verkleisterung des Politischen und des Christlichen mit einer bestimmten Politik eines Staates« (AW 13, S. 426).

Insgesamt begann sich die politische Lage Ende der vierziger und Beginn der fünfziger Jahre bedrückend auf Döblin auszuwirken. Die Polarisierung im Verhältnis zwischen Amerika und der Sowjetunion, das Menetekel eines erneuten Krieges und die Entfremdung der beiden Teile Deutschlands beunruhigten ihn. Am tiefsten aber traf ihn die innenpolitische Entwicklung Westdeutschlands, die seinen anfänglichen Optimismus als voreilig erscheinen ließ und schließlich ins Gegenteil verkehrte. Seit 1951 häuften sich Äußerungen der Enttäuschung, und er fing an, Bekannte vor einer Rückkehr nach Deutschland zu warnen. Am 20. Aug. 1951 schrieb er an das Ehepaar Rosin: »Man hat nichts gelernt und es ist alles, bis auf die Vertreibung von Hitler, gleich geblieben. Man wird hier ungeheuer lange nichts anderes kennen. In der ersten Zeit sah ich die Dinge optimistischer, und ich dachte, man könnte und man müßte helfen. Dann merkte ich, was unter der Oberfläche steckte. Es kam alles langsam heraus, was die Niederlage verdeckt hatte, und das war einfach ein recht solider Nazismus, den man in sich hatte« (AW 13, S. 431). Erna Döblin, die Deutschland mit tiefer Abneigung gegenüberstand und sich zeitweilig sogar im Umgang mit Familienangehörigen des Französischen bediente, hatte schon seit 1948 darauf gedrängt, Deutschland erneut zu verlassen und nach Paris zu ziehen. Daß dieser Plan nun auch für Döblin selbst aktueller wurde, hat jedoch noch andere Ursachen als nur das Unbehagen über den politischen Zustand Deutschlands. Einmal gelangte er zu der Gewißheit, daß er mit seinem literarischen Werk in diesem Land nicht mehr durchdringe, was, vereint mit dem schnellen Schwinden seiner physischen Kräfte, die verbitterte Resignation noch verschärfte. Sodann erreichte François-Poncet nach der Auflösung der französischen Kulturbehörde im Sommer 1951, daß Döblin eine Abfindungssumme von mehreren Millionen Francs erhielt, wodurch der Umzug nach Paris überhaupt erst ernsthaft diskutabel wurde.

Als Döblin 1946 seinen »Hamlet« vollendete, hatte er durchaus die Möglichkeit, einen Verleger für ihn zu finden. Er verhandelte mit den Verlagen H. Schleber und P. Keppler über das Buch, hielt es aber schließlich wohl bewußt zurück. Er wollte beim Publikum kein falsches Bild seiner literarischen Entwicklung erzeugen und veröffentlichte statt dessen von 1946 bis 1950 in rascher Folge die gesamte noch ungedruckte Produktion der amerikanischen Exiljahre: 1946 das Religionsgespräch »Der unsterbliche Mensch« und die Erzählung »Der Oberst und der Dichter«; 1948 unter dem gemeinsamen Titel »Heitere Magie« die beiden Erzählungen »Reiseverkehr mit dem Jenseits« und »Märchen vom Materialismus« sowie den Essay »Unsere Sorge, der Mensch«; 1948–1950 im Alber Verlag die letzten drei Bände von »November 1918« (der erste, schon 1939 erschienene Band »Bürger und Soldaten 1918« wurde wegen seiner als unpassend empfundenen elsässischen Bezüge in der französischen Besatzungszone von eben jener Zensurbehörde zurückgewiesen, bei der Döblin selbst angestellt war; für den Druck in der amerikanischen Zone verzichtete Döblin dann selbst auf ihn und arbeitete nur einzelne Passagen als »Vorspiel« in den Beginn von »Verratenes Volk« ein). Nimmt man die Neudrucke des »Wang-lun« 1946, des »Berlin Alexanderplatz« 1948 und des nun dreibändigen »Südamerika-Romans« 1947/48 hinzu, so könnte der Eindruck entstehen, als habe Döblin im Nachkriegsdeutschland gleich wieder Fuß fassen können. Nichts ist weniger wahr. Seine Bücher erschienen wegen der Schwierigkeiten bei der Papierbeschaffung zumeist nur in kleinen Auflagen. Sie wurden aber auch zunehmend schlechter verkauft, und namentlich das Werk, an dem ihm mit seiner, wie er glaubte, aktuellen Mischung aus zeitgeschichtlicher und christlicher Thematik besonders viel gelegen war, »November 1918«, löste zu Döblins Enttäuschung ein nur schwaches Echo aus. Als Döblin sich dann seit etwa 1950 ernsthaft um die Veröffentlichung des »Hamlet« bemühte, war die Gelegenheit verpaßt. Trotz jahrelanger Anstrengungen konnte er für ihn keinen Verleger mehr finden und wurde das Gefühl nicht los, daß man ihn in Deutschland systematisch boykottiere. Immanente literarische Gründe, die allgemeine Diskreditierung des Emigrantentums im politisch und kulturell restaurativen Nachkriegsdeutschland, das Ärgernis von Döblins provozierendem Spiel mit der französischen Siegeruniform (die er selber freilich als Befreieruniform sah), seine verbohrten Angriffe gegen *Thomas Mann* und auch gegen *Gottfried Benn* (er behinderte das Erscheinen von dessen Werken), das Befremden über seine christliche Attitüde sowie ein vertrackter Charakterzug, der ihn immer wieder in die Isolierung zwischen alle Meinungen und Parteien trieb, trugen wohl zu jener offenkundigen Ablehnung bei, die Döblins Werk damals in der Tat erfuhr.

Noch zwei letzte größere Arbeiten, mit denen es ihm nicht anders erging als vorläufig mit dem »Hamlet«, nahm Döblin nach dem Krieg in Angriff. In den Jahren 1947–1949 schrieb er die von Erna Döblin einmal als sein »Lieblingswerk« bezeichnete, erneut die christliche Thematik aufgreifende Erzählung »Die Pilgerin Aetheria«. Noch im April 1957 teilte *Herbert Gorski* Döblin mit, er wolle versuchen, sie im Leipziger St. Benno Verlag, dem einzigen in der DDR ›genehmigten‹ katholischen Verlag, herauszubringen; abgesehen von Auszügen in der Wochenschrift ›Michael‹ blieb sie aber zu Lebzeiten Döblins ungedruckt. Auch das andere, wohl 1951 beendete umfangreiche Werk »Der Kampf mit dem Engel«, eine Fortsetzung des Religionsgespräches »Der unsterbliche Mensch«, blieb vorläufig unveröffentlicht und fand, wie auch »Die Pilgerin Aetheria« erst neuerdings Aufnahme in die Werkausgabe (AW 17, AW 18). An kleineren Schriften entstanden damals der »Epilog« (ein Rückblick auf das eigene Werk) sowie die poetologischen Arbeiten »Die Dichtung, ihre Natur und ihre Rolle« (in der Mainzer Akademie am 3. März 1950 als Vortrag gehalten) und »Mireille oder Zwischen Politik und Religion«.

Im Oktober 1951 mußte Döblin sich, da sich der Zustand seiner Augen rapide verschlechterte und ihm das Lesen unmöglich wurde, in Paris einer Staroperation am rechten Auge unterziehen. Ein Jahr später, am 29. Sept. 1952, erlitt er bei der Arbeit im Büro einen Herzinfarkt, der ihn zu viermonatigem Aufenthalt im Mainzer Hil-

degardis-Hospital zwang. Kaum von der schweren Krankheit gene-
sen, erfolgte dann am 29./30. April 1953 tatsächlich die schon lange
ins Auge gefaßte Übersiedlung nach Paris, wo er bereits 1952 am 31,
boulevard de Grenelle eine Dreizimmerwohnung erworben hatte.
In einem Brief an Hans Henny Jahnn vom 5. Mai 1953 schildert
Hanns Ulbricht, der damalige Sekretär der Literaturklasse in
der Mainzer Akademie, den trostlosen Auszug Döblins aus
Deutschland: »Auf einer Bahre brachten ihn zwei blaubeschürzte
Bedienstete des Zentralhotels auf den Bahnsteig. Dort saß er [...]
zusammengekauert, eine Decke auf die Beine gebreitet, auf einem
wackeligen Stuhl – nahe der Geleise – im nur gespenstig erhellten
Bahnhofdunkel und in kalter rauchiger Zugluft, ein Großer der
deutschen Literatur« (AW 13, S. 642).

Dieser lautlose Abschied führte in Deutschland zu beschämtem
Aufhorchen und einer gewissen Anteilnahme am Los Döblins. Von
verschiedenster Seite setzten nun Bemühungen ein, ihm etwas von
der Anerkennung zuteil werden zu lassen, die er in den vorangegangenen Jahren entbehrt hatte, und zur Verbesserung seiner materiel-
len Lage beizutragen, die freilich auch nun so schlecht, wie es das
Gerücht wollte und Erna Döblin vorgab, in Wirklichkeit nicht war.

Theodor Heuss, den Döblin noch aus dem ›Schutzverband deutscher Schriftsteller‹ kannte und mit dem er auch in der Nachkriegszeit in persönlichem Kontakt blieb, setzte sich wirksam für ihn ein
und konnte die Überweisung von 10 000 DM vermitteln; Berlins
Kultursenator Joachim Tiburtius, der auch in den folgenden Jahren
interessiert auf Döblins Werk reagierte, konnte für ihn vom Berliner
Entschädigungsamt 30 000 DM und ab August 1956 eine monatliche
Rente von 500 DM erwirken; im Juli 1953 wählte die Akademie der
Wissenschaften und der Literatur ihn zu ihrem Ehrenmitglied und
verlieh ihm 1954 ihren mit 10 000 DM dotierten großen Literaturpreis. Als einer der verständnisvollsten und rührigsten Förderer
Döblins erwies sich *Hans Henny Jahnn.* Auf seine Veranlassung
wurde Döblin am 23. Okt. 1953 zum Ehrenmitglied der ›Freien
Akademie der Künste‹ in Hamburg gewählt, und auf seine Initiative
gingen auch die Vorschläge zurück, die Döblin noch im Mai 1953
seitens der DDR gemacht wurden: *Brecht* forderte Döblin zu Übersiedlung in die DDR auf, wo er ohne jegliche Verpflichtungen ein
Haus und akademisches Gehalt beziehen könne, während *Becher,*
der von vornherein vermutete, man würde Döblin zu diesem Schritt
nicht bereit finden, für eine regelmäßige Unterstützung Döblins
auch in Paris sorgen wollte. Zur Realisierung dieser Hilfsmaßnah-
men ist es, da Döblin (trotz aller freundschaftlichen Verbundenheit,
die er für Brecht und Becher empfand) ablehnte, nicht gekommen.

In Paris, wo er die in Mainz begonnene autobiographische Schrift »Journal 1952/53« fortführte, lebte Döblin einsam, in fast völliger Abgeschiedenheit von der Außenwelt. Im Gegensatz zu Mainz, wo er immerhin den Kontakt zu Akademiekollegen und Mitarbeitern seiner Zeitschrift hatte, kannte er hier fast niemanden; zu den wenigen regelmäßigen Besuchern gehörten *Robert Minder,* den er zeitweilig fast täglich sah, und der deutsche Botschafter in Paris, *Wilhelm Hausenstein.* Im Grunde dauerte dieser Pariser Aufenthalt nur ein knappes Jahr. Döblin wurde zunehmnd von neuralgischen und arthritischen Beschwerden gequält und war schon Februar 1954 so pflegebedürftig, daß Erna Döblin ihrer Aufgabe nicht mehr gewachsen war: er wurde in das Sanatorium Quisisana in Baden-Baden aufgenommen. Die verbleibenden drei Jahre bis zu seinem Tod bilden eine einzige traurige Krankengeschichte. Mit nur wenigen Unterbrechungen in Paris verbrachte er sie in immer wieder anderen deutschen Krankenhäusern und Sanatorien: von April 1954 bis März 1956 in verschiedenen Freiburger Universitätskliniken (hier wurde er 1955 anläßlich seines 50jährigen Doktorjubiläums in einer kleinen Feier geehrt) und in Kurhäusern in Friedenweiler und Höchenschwand im Schwarzwald; vom 17. März 1956 bis 1. Juni 1957 als vorletzter Station im Sanatorium Wiesneck in Buchenbach bei Freiburg. Er war jetzt fast gelähmt, außerstand zu schreiben und zuletzt auch zu lesen. Der ihn in den letzten Jahren ständig begleitenden Krankenschwester *Helene Kientz* diktierte er seine Korrespondenz, Robert Minder bei einem Zwischenaufenthalt in Paris bisher unveröffentlichte Lebenserinnerungen und der amerikanischen Studentin Anne Smith (d. i. Anne Liard Jennings) den Beginn seiner 1957 in ›Sinn und Form‹ erschienenen Betrachtungen »Von Leben und Tod, die es beide nicht gibt«.

Zu literarischen Arbeiten kam es nicht mehr. Döblin rückte im Gegenteil von seiner Schriftstellerexistenz ab, betrachtete sie als abgeschlossen und bereits der Vergangenheit angehörend. Nicht einmal Pläne zu neuen Dichtungen scheint er gehabt zu haben. Es erfüllt ihn aber mit Freude, daß er ganz am Ende seines Lebens ein wieder etwas wachsendes Interesse an seinem Werk wahrnehmen konnte. Am 7. Sept. 1954 wurde er in Höchenschwand von *Hans Mayer, Peter Huchel* und *Eberhard Meckel* besucht, mit denen er über Verlagsmöglichkeiten für den noch immer ungedruckten »Hamlet« in der DDR sprach. Auf Vermittlung Huchels (er hatte anfänglich mit dem Erscheinen des Buches schon im Frühjahr 1955 gerechnet) kam es, nachdem *Alfred Kantorowicz* in einem Gutachten die Veröffentlichung allen Widerständen zum Trotz mit großem Nachdruck empfohlen hatte, Ende 1955 zum Vertrag mit dem Ost-

Berliner Verlag Rütten & Loening. Für den Druck wurde Döblin allerdings nahegelegt, den Schluß des Werkes zu ändern. Nach der im Februar 1956 während des letzten Aufenthaltes in Paris entstandenen Version geht Edward Allison am Ende der langen Nacht nicht mehr ins Kloster, sondern mündet das Buch in den hoffnungsfrohen Satz: »Ein neues Leben begann«. Ob die Änderung von Döblin eher aus Opportunitätsgründen vorgenommen wurde oder auch als Zeichen einer am Lebensende wieder nachlassenden Glaubensgewißheit, die er freilich nie wirklich besaß, gewertet werden muß, ist schwer zu entscheiden. Sicher ist nur, daß von einer ›Döblin-Fälschung‹ durch die Ost-Berliner Herausgeber nicht die Rede sein kann, Döblin sich vielmehr im Anschluß an eine ausnehmend einfühlsame Anfrage des Lektors des Rütten & Loening Verlages, *Wolfgang Richter* (s. Katalog Meyer, S. 488), in vollkommener Freiheit zu der Neufassung des Roman-Endes entschloß. Der Roman erschien im Juli 1956 in Ost-Berlin und wurde ein durchschlagender Erfolg, was im Jahr darauf endlich auch zur Herausgabe einer westdeutschen Lizenzausgabe im Münchener Verlag Langen-Müller führte. Mit dem »Hamlet«-Roman, der zentrale, zum Teil autobiographisch verankerte Motive des Gesamtwerkes (Heimkehr, Geschlechterkampf, Vater-Sohn-Kampf, Mutter-Sohn-Bindung) noch einmal aufnahm und das psychoanalytische Heilverfahren des Geschichtenerzählens zu seinem Strukturprinzip machte, erfuhr Döblins Schaffen, im Grunde elf Jahre vor seinem Tod, einen letzten Höhepunkt.

Ludwig Marcuse setzte sich damals, umsonst zwar, journalistisch für die Verleihung des Nobelpreises an Döblin ein. Auch von Vorbereitungen zu Übersetzungen des »Hamlet« ins Tschechische und des »Berlin Alexanderplatz« ins Polnische hörte Döblin noch. Außerdem nahmen Pläne zu der von *Robert Minder* in der Mainzer Akademie angeregten Gesamtausgabe so konkrete Formen an, daß der Vizepräsident der Akademie, *Frank Thiess*, am 3. Juni 1957 an Döblin schreiben konnte, man sei bereits auf der Suche nach einem geeigneten Verleger und denke vorläufig u. a. an Christian Wegner in Hamburg. Eine letzte Ehrung durch die ›Bayrische Akademie der schönen Künste‹, die Döblin auf der Jahressitzung am 27. Juni 1957 ihren Literaturpreis verlieh, kam einen Tag zu spät. Am 1. Juni war Döblin aus Wiesneck in das Landeskrankenhaus Emmendingen überführt worden, wo er am 26. Juni 1957 laut Sterbeurkunde um genau 12 Uhr mittags starb. Zwei Tage später wurde er auf dem Friedhof des kleinen Vogesendorfes Housseras neben seinem Sohn Wolfgang (Vincent) beigesetzt.

Erna Döblin (nach ihrem Freitod im Sommer des gleichen Jahres wurde sie ebenfalls dort bestattet) wünschte eine Begräbnisfeierlichkeit nur in kleinstem Kreis und verhinderte daher die Unterrichtung der deutschen Presse. Erst auf dem Umweg über Amerika, wo der älteste Sohn Peter zu benachrichtigen war, gelangte die Todesnachricht einige Tage später nach Deutschland (›The New York Times‹ brachte die Meldung am 27. Juni, die deutsche Presse erst vom 29. Juni an). Dabei kam es offenbar zu einer Verwechslung, die dazu führte, daß sich in zahlreichen Enzyklopädien und Abhandlungen fälschlich der 28. Juni als Todestag Döblins eingeschlichen hatte.

Das schon so gut wie beschlossene Projekt der historisch-kritischen Gesamtausgabe (wie man dieses ambitiöse Unternehmen auch aus der heute gebotenen historischen Distanz einschätzen mag) wurde durch den Tod Alfred und Erna Döblins im letzten Augenblick verhindert. *Claude Döblin*, der Bevollmächtigte der Erben Döblins, widersetzte sich der Ausführung des Unternehmens Anfang 1958 und vereinbarte statt dessen mit *Walter Muschg* die Herausgabe der Ausgewählten Werke in Einzelbänden, die 1960 zu erscheinen begannen. Die Differenzen, die damals zwischen Muschg und Claude Döblin einerseits und der Mainzer Akademie und Robert Minder andererseits entstanden und zum Ausscheiden Muschgs aus der Akademie führten, wirkten leider lange Zeit nach und behinderten in der Vergangenheit erheblich den freien Zugang zu wertvollstem Forschungsmaterial, müssen aber heute fast ganz als Geschichte betrachtet werden.

Zur Biographie

Selbstzeugnisse: Schicksalsreise (Drittes Buch: Wieder zurück), in: AW 19, S. 367–426; Abschied und Wiederkehr, in: AW 19, S. 427–435; Und ich habe die siebzig überschritten, SNM; Journal 1952/53, in: AW 19, S. 453–539 (passim); Von Leben und Tod, die es beide nicht gibt, in: AW 19, S. 548–575.

Literatur: *Graber, H.*, in: Nachw. AW 13, S. 675–678; *Huguet 1*, Bd 1, S. 166–205, 231–236, 290–292; *Huguet 3*, S. 163–196; *Kesten, H.:* A. D., in: H. K., Lauter Literaten, 1963, S. 417–422; Katalog *Meyer*, S. 47–57, 426–507; *Minder 1*, S. 188–190; *Minder 2*, S. 16–19; *Minder 3*, S. 62–64; *Müller-Salget, K.:* Das Grab von Housseras, in: NDH 19 (1972), H. 134, S. 81–86; *Neumann*, S. 85–106; *Riley, A. W.:* A. D.s Todestag, in: Jb. der deutschen Schillergesellschaft 14 (1970), S. 658–661; *Weisenborn, G.:* A. D.s Rückkehr, in: Jb. der Freien Akademie der Künste, Hamburg 1964, S. 121–123; *Weyembergh-Boussart*, S. 269–281.

Verhältnis zu Thomas Mann: Selbstzeugnisse: Das Werk Thomas Manns (Einführung zu einer Aufsatzreihe über Th. Mann), in: GT 2 (1947),

S. 741; Zum Verschwinden von Thomas Mann, in: AW 19, S. 575–577. –
Lit.: *Links*, S. 217–218; *Lion, F.:* Thomas Mann und A. D., in: Europäi-
sche Revue 6 (1930), S. 835–847; *Mann, Th.:* Brief an H. Kesten (1. 11.
1946), in: H. K., Deutsche Literatur im Exil, 1964, S. 289; *Ders.:* Briefe,
hrsg. v. E. Mann, Bd 2, 1963, S. 508–509, Bd 3, 1965, S. 34–35; Katalog
Meyer, S. 406–425; *Riley, A. W.:* The professing christian and the ironic
humanist, in: Essays on German literature (in honor of G. J. Hallamore),
Toronto 1968, S. 177–194; *Schwimmer*, S. 14–17.
Zum 70. und 75. Geburstag: *Anonym*, in: FAZ v. 31. 8. 1948; *Anonym*, in:
Die Welt v. 10. 8. 1953; *Cel.*, in: Die Zeit v. 13. 8. 1953; *Dovski, L. v.*, in:
Basler Nationalztg. v. 10. 8. 1953; *Henri, J.*, in: Aufbau 4 (1948),
S. 699–701; *Kesten, H.*, in: Aufbau (New York) v. 20. 8. 1948; *Kessel, M*,
in: Die Neue Ztg. v. 9. 8. 1953; *Kreuder, E.*, in: Der Dreiklang 3 (1948),
S. 294–296; *Marcuse, L.*, in: Aufbau (New York) v. 4. 9. 1953; *Ders.*, in:
Books abroad 28 (1954), S. 179–180; *Molo, W. v.*, in: Neue literarische
Welt 4 (1953), Nr 15, S. 3–4; *Schulz, M.*, in: Neues Deutschland v. 11. 8.
1948; s. ferner Würdigungen von u. a. *J. R. Becher, H. Kasack, W. v. Molo,
G. Weisenborn, W. Weyrauch*, in: A. D. 70.
Nachrufe: *Anonym*, in: The New York Times v. 27. 6. 1957; *Baldus, A.*, in:
Begegnung 12 (1957), S. 226–227; *Bredel, W.*, in: Sinn und Form 9 (1957),
S. 778; *Christ, R.*, in: Aufbau 13 (1957), H. 8, S. 199–202; *Daiber, H.*, in:
DR 84 (1958), S. 754–758; *Dempe, P.*, in: Der Tag v. 30. 6. 1957; *Franke-
Ruta, W.*, in: Basler Nachrichten v. 1. 7. 1957; *Haas, W.*, in: Die Welt v. 1.
7. 1957; *Hermsdorf, K.*, in: Neues Deutschland v. 4. 7. 1957; *Horst, K. A.*,
in: Merkur 11 (1957), S. 886–890; *Ilberg, W.*, in: NDL 5 (1957), H. 8,
S. 157–159; *Johann, E.*, in: FAZ v. 1. 7. 1957; *Kramberg, K. H.*, in: Süddt.
Ztg. v. 1. 7. 1957; *Kreuder, E.*, in: Jb. der Akademie der Wissenschaften
und der Literatur in Mainz, 1957, S. 147–154; *Marcuse, L.*, in: Die Zeit v.
4. 7. 1957; *Minder, R.*, in: Jb. der Freien Akademie der Künste in Hamburg (Das Einhorn), 1957, S. 3–10; *Pfeiler, W. K.*, in: Books abroad 32
(1958), S. 17; *Regensteiner, H.*, in: Monatshefte 49 (1957), S. 330–331;
Weiss, G., in: Deutsche Woche 7 (1957), Nr 28, S. 13.

Literarische Tätigkeit 1945–1957

Größere erzählende Prosa:

»Hamlet oder Die lange Nacht nimmt ein Ende«
Entstehung: Hollywood, Baden-Baden 1945/46. – Handschrift: Ms.,
Typoskript, Entwürfe auf versch. Stufen der Ausführung, Materialien,
SNM. – Druck: Verlag Rütten & Loening, Berlin 1956, ebenso: Verlag
Langen-Müller, München 1957, ebenso: AW 11. – Lit. z. Edition: *A. T.:*
Geprüft, in: Die Welt v. 6. 2. 1959; *–e–:* Das Ende von D.s Hamlet, in:
FAZ v. 13. 2. 1959; *Graber, H.:* Zum Text der Ausgabe, in: AW 11,
S. 583–599; *Kantorowicz, A.:* Deutsches Tagebuch, Bd 2, 1961, S. 562;
Marcuse, L.: D.-Fälschung? in: Die Zeit v. 26. 3. 1959; *Richter, W.:* Brief

an D. (31. 8. 1956), in: Katalog Meyer, S. 488. – Übersetzungen: Hamlet č iže dlhá noc sa konči, Bratislava 1958; Hamlet ali doga noč gre k koncu, Ljubljana 1962; Hamlet czyli kres długiej nocy, Warschau 1966. – Selbstzeugnisse: Epilog, in: AW 8, S. 396–397, ebenso in: AW 19, S. 449–450; Journal 1952/53, in: AW 19, S. 504–506; Brief an E. und A. Rosin (10. 3. 1947), in: AW 13, S. 367; Brief an R. Neumann (23. 2. 1948), in: AW 13, S. 381–382.

Rezensionen und kurze Einführungen zum »Hamlet«:
Angelloz, J. F.: La destinée douloureuse d' A. D. (1878–1957), in: Mercure de France (Paris), 1957, S. 310–312; *Anonym,* in: Der Spiegel v. 21. 8. 1957; *Becher, P. H.:* Unruhe und Aufsehen, in: Echo der Zeit v. 16. 2. 1958; *Blöcker, G.:* Kritisches Lesebuch, 1962, S. 29–32; *Daiber, H.,* in: Deutsche Ztg. und Wirtschaftsztg. v. 17. 7. 1957; *Federmann, R.:* Der Mensch in der Katastrophe, in: Forum (Wien) 5 (1958), S. 32–33; *Fritz, W. H.,* in: Zeitwende, Die neue Furche 29 (1958), S. 412–413; *Grözinger, W.:* Der Roman der Gegenwart, in: Hochland 49 (1956/57), S. 574–576; *Hell, H.:* Skandalgeschichte der Nachkriegsliteratur, in: Die Zeit v. 15. 8. 1958; *Hermsdorf, K.,* in: Deutsche Woche 7 (1957), Nr 14, S. 13; *Horst, K. A.:* A. D.s lange Nacht, in: Merkur 11 (1957), S. 886–890; *Ilberg, W.:* Optimismus – trotz alledem, in: NDL 5 (1957), H. 3, S. 141–146; *Kramberg, K. H.:* Wie Hamlet geheilt wurde, in: Südd. Ztg. v. 29./30. 6. 1957; *Marcuse, L.,* in: FAZ v. 5. 4. 1957; *Muschg, W.:* A. D.s letzter Roman, in: Texte und Zeichen 3 (1957), S. 309–315; *Pack, C.:* Es führt kein Weg zurück, in: Wort und Wahrheit 12 (1957), S. 794; *Pesch, L.:* Der langen Nacht ein Ende? in: FH 13 (1958), S. 804–808; *Reifenberg, B.:* D. zum letztenmal, in: Die Gegenwart 13 (1958), S. 117–118; *Rothe, W.,* in: FH 14 (1959), S. 227; *Rismondo, P.:* Das Geheimnis der ›scheinbar tugendhaften Königin‹, in: Die Presse (Wien) v. 1. 12. 1957; *Uhlig, H.,* in: Die Bücherkommentare 6 (1957), Nr 4, S. 1; *Widmer, W.:* Von Biberkopf zu Hamlet, in: Nationalztg. (Basel) v. 30. 11. 1957.

Untersuchungen zum »Hamlet«:
Auer, S. 102–153; *Bauer, W.:* Gegensatz und Ambivalenz. Überlegungen zu A. D.s Roman Hamlet oder Die lange Nacht nimmt ein Ende, in: Sprachkunst 6 (1975), S. 314–329; *Elshorst,* S. 129–142; *Geissler, R.:* Die Suche nach Wahrheit in Döblins Hamlet-Roman, in: Literatur für Leser 1982, H. 2, S. 110–128; *Grand; Jens,* S. 11–16; *Kiesel,* S. 492–502; *Kort,* S. 126–133; *Links,* S. 218–232; *Lorant, A.:* Shakespeare et D. Àpropos de Hamlet oder Die lange Nacht nimmt ein Ende, in: Arcadia 18 (1983), S. 158–178; *Martini,* S. 357–360; Katalog *Meyer,* S. 481–496; *Moherndl,* S. 223–288; *Müller-Salget,* S. 35–39; *Muschg,* S. 135–140; *Riley, A. W.:* Zum umstrittenen Schluß von A. D.s Hamlet oder Die lange Nacht nimmt ein Ende, in: Ljb. 13, 1972 (1974), S. 331–358; *Ders.:* Jaufré Rudel und die Prinzessin von Tripoli. Zur Entstehung einer Erzählung und zur Metamorphose der Legende in A. D.s Hamlet-Roman, in: Festschrift für F. Beissner, hrsg. v. U. Gaier u. W. Volke, 1974, S. 341–358; *Ders.:* Ein deutscher Lear? Zu einigen Quellen in A. D.s ›Erzählung vom König Lear‹ in seinem Hamlet-Roman, in: Akten des V. Internationalen Germanisten-Kongresses in Cambridge 1975, H. 3, hrsg. v. L. Forster u. H. G. Roloff,

1976, S. 475–482; *Ders.:* Jaufré Rudel in A.D.s last novel Hamlet, in: Mosaic 10 (1976/77), S. 131–145; *Ders.:* ›De Sancta Theodora‹: eine Vita der ›Legenda aurea‹ des Jacobus de Voragine in A.D.s Hamlet-Roman, in: Akten des 6. Internationalen Germanisten-Kongresses in Basel 1980, Tl. 3, hrsg. v. H. Rupp u. H. G. Roloff, 1980, S. 478–484; *Ders.:* ›Vom Knappen, der seinen Ring verlor‹. Notizen zu einer Erzählung in A.D.s Hamlet-Roman, in: Zeit der Moderne. Zur deutschen Literatur von der Jahrhundertwende bis zur Gegenwart, hrsg. v. H. H. Krummacher u. a., 1984, S. 143–159; *Schröter 1*, S. 106–108; *Stauffacher, W.:* Hamlet oder Die lange Nacht nimmt ein Ende, in: Zu A.D., S. 177–186; *Steinmann; Thieberger, R.:* Le genre de la nouvelle dans la littérature Allemande, Paris 1968, S. 60–66, 163–165, 173–174, 283; *Tindemans, C.:* A. D. De lange tocht naar het licht, in: Dietsche Warande en Belfort (Antwerpen) 109 (1964), S. 665–674; *Weyembergh-Boussart,* s. Register.

»Der Oberst und der Dichter oder Das menschliche Herz«
Entstehung: Hollywood 1943/44. – Handschrift: Ms. mit Materialien, SNM. – Druck: Verlag K. Alber, Freiburg i. Br. 1946, ebenso in: AW 17, S. 7–116. – Literatur: *Augstein, C.,* in: Universitas 6 (1951), S. 689–690; *Beck, H. G.:* A.D.s Heimkehr, in: Hochland 40 (1947/48), S. 80–85; *Ferris,* S. 157–163; *Herrmann, H.:* Das menschliche Herz, in: Badische Ztg. v. 30. 5. 1947; *Kabel, R.:* Orpheus in der deutschen Dichtung der Gegenwart, Diss. Kiel (masch.), S. 141–143, 245; *Lüd.,* in: Berliner Ztg. v. 21. 1. 1947; *Pfeiffer, H.:* Von der Macht und der Gerechtigkeit, in: Der Tagesspiegel v. 6. 4. 1947; *R.D.,* in: Neues Europa 2 (1947), H: 23, S. 42–43; *Riley, A. W.,* in: Nachw. AW 17, S. 281–292, 311–328; *Schultze, F.,* in: Der Sonntag v. 7. 9. 1947; *Vietta, E.:* Rhapsodie der Versöhnung, in: Die Zeit v. 30. 1. 1947.

»Die Pilgerin Aetheria«
Entstehung: Baden-Baden, Mainz 1947–1949. – Handschrift: unvollst. Ms., Materialien, SNM. – Druck: Auszug in: Michael 13 (1955), Nr 1–24, insgesamt erstmals in: AW 17, S. 117–277. – Literatur: *Riley, A. W.,* in: Nachw. AW 17, S. 293–308, 328–356.

Kleinere erzählende Prosa:

»Sieger und Besiegte«. Eine wahre Geschichte, Aurora Verlag, New York 1946.

»Reiseverkehr mit dem Jenseits«, in: A. D. Heitere Magie, P. Keppler Verlag, Baden-Baden 1948, S. 5–61, ebenso in: AW 6, S. 380–420.

»Märchen vom Materialismus«, in: A. D. Heitere Magie, P. Keppler Verlag, Baden-Baden, S. 63–127, ebenso: Reclam Verlag, Stuttgart 1959, ebenso in: AW 6, S. 421–462.

»Der Tierfreund oder Das zweite Paradies«, in: AW 6, S. 463–478.

Essays zur Literatur:

»Einleitung« zu Goethe: Die Belagerung von Mainz 1793, 1946, S. III.–XVIII.

»Über Charles de Coster«. Einleitung zur deutschen Ausgabe des »Ulenspiegel«, [1947], S. 9–21, ebenso in: AW 8, S. 296–311.

»Einleitung« zu Arno Holz: Phantasus, hrsg. v. Anita Holz, [1949], S. 7–13.

»Die Dichtung, ihre Natur und ihre Rolle« (als Vortrag am 3. 3. 1950 auf der Tagung der Akademie der Wissenschaften und der Literatur), in: GT 5 (1950), S. 103–117, erweitert: Abhandlungen der Akademie der Wissenschaften und der Literatur, Klasse der Literatur, Nr 1, (1950), ebenso in: AW 8, S. 211–268.

»Einführung« zu Arno Holz: »Die Revolution der Lyrik. Eine Einführung in sein Werk und eine Auswahl von A. D.«, 1951, S. 5–25, ebenso in: AW 8, S. 145–163.

»Mireille oder zwischen Politik und Religion«, in: Minotaurus. Dichtung unter den Hufen von Staat und Industrie, hrsg. v. A. D., [1953], S. 9–56.

Schriften zur Politik, Philosophie und Religion:

»Der unsterbliche Mensch«. Ein Religionsgespräch, Verlag K. Alber, Freiburg i. Br. 1946, ebenso: AW 18, S. 7–284. – Literatur: *Baden*, S. 192–197; *Berl, H.*: Monolog und Dialog, in: Merkur 1 (1947), S. 156–158; *Cahn; Fechter, P.*, in: Die Welt v. 27. 12. 1947; *Ferris*, S. 150–157; *Greifenstein, H.*, in: Zeitwende 19 (1947), S. 313–315; *Hausenstein, W.*, in: Süddt. Ztg. v. 1. 2. 1947; *K(ogon). E.*, in: FH 1 (1946), S. 892–893; *Paludan, J.*: A. D.s Omvendelsesbog, in: J. P., Skribenter paa Yderposter, Kopenhagen 1949, S. 21–29; *Riley, A. W.*, in: Nachw. AW 18, S. 621–635, 661–672, 680–698; *Schneider, R.*: Gespräche über den Menschen, in: FH 1 (1946), S. 893–895; *Weyembergh-Boussart*, s. Register.

»Der Nürnberger Lehrprozeß« (veröffentlicht unter dem Pseudonym: Hans Fiedeler), Verlag Neuer Bücherdienst Baden-Baden 1946, 1.–200. Tausend. (Vorhanden: Weltkriegsbücherei Stuttgart.) – Selbstzeugnis: Journal 1952/53, in: AW 19, S. 491. – Lit.: *Graber, H.*: Nachw. AW 14, S. 524; *Schweikert, U.*: Der Nürnberger Lehrprozeß, in: Stuttgarter Ztg. v. 20. 1. 1973.

»Unsere Sorge der Mensch«, Verlag K. Alber, München 1948. – Lit.: *Ferris*, S. 163–169; *Weyembergh-Boussart*, s. Register.

»Die Wiederherstellung des Menschen«, in: GT 5 (1950), S. 354–359.

»Christentum und Revolution«, in: Michael v. 18. 6. 1950, ebenso in: AW 8, S. 379–383.

»Der Kampf mit dem Engel«. Ein Gang durch die Bibel, Auszug u. d. T. »Vom Adel alles Geschaffenen« in: Jb. der Akademie der Wissenschaften und der Literatur in Mainz, 1950, S. 218–231; Auszug u. d. T. »Kain und Abel« in: Hochland 46 (1953/54), S. 356–362; insgesamt erstmals in: AW 18, S. 285–617. – Literatur: *Riley, A. W.*, in: Nachw. AW 18, S. 636–660, 672–680, 680–698.

Autobiographische Schriften:

»Epilog«, in: A. D. Ausw. aus dem erzählenden Werk, hrsg. v. P. E. H. Lüth, 1948, S. 391–404, leicht überarbeitet in: A. D. 70, S. 161–175, ebenso in: AW 8, S. 383–399, ebenso in: AW 19, S. 437–451.

»Schicksalsreise«. Bericht und Bekenntnis, Verlag Josef Knecht, Frankfurt a. M. 1949, ebenso in: AW 19, S. 103–426. – Literatur: *Anonym,* in: Vaterland (Luzern) v. 31. 1. 1950; *Domke, H.,* in: FAZ v. 25. 2. 1950; *Ferris,* S. 142–150; *Kirm, R.,* in: Frankfurter Neue Presse v. 10. 12. 1949; *T(hieme). K.,* in: Michael 8 (1950), Nr 1, S. 7; *Uhse, B.,* in: Aufbau 13 (1957), S. 160–163; *Weyembergh-Boussart,* s. Register.

»Und ich habe die siebzig überschritten«, SNM.

»Journal 1952/53«, erstmals in: AW 19, S. 453–539.

»Von Leben und Tod, die es beide nicht gibt«, in: Sinn und Form 9 (1957), S. 902–933, ebenso in: AW 19, S. 548–575.

Rezensionen und kleinere Schriften vermischten Inhalts:

Die Fahrt ins Blaue, in: Badische Ztg. v. 3. 5. 1946, ebenso in: Zeitlupe, S. 210–214; Geleitwort, in: GT 1 (1946), S. 3–6, ebenso in: AW 8, S. 374–379; Neue Bücher, in: GT 1 (1946), S. 89–94; Radio und Öffentlichkeit, in: Funk-Welt (Baden-Baden) v. 30. 3. 1947; Zeitschriftenschau, in: GT 1 (1946), S. 198–204, 299–304; Kritik der Zeit (Radiovortrag v. 4. 5. 1947), erstmals in: AW 14, S. 438–443; Zwei Akademien, in: GT 2 (1947), S. 595–597; War Goethe christlich? in: GT 2 (1947), S. 859–860; Weg mit der Furcht! in: Allg. Ztg. (Mainz) v. 28. 11. 1947, ebenso in: AW 14, S. 444–446; Erste Tagung des Verbandes südwestdeutscher Autoren, in: GT 2 (1947), S. 1120–1122; Kleines Notizbuch, in: GT 3 (1948), S. 296–300, 398–405, teilw. ebenso in: AW 14. S. 447–455; Bücherschau, in: GT 4 (1949), S. 324–331; Einige Gedichtbände, in: GT 4 (1949), S. 404–409; Kritik der Zeit (Radiovortrag v. 24. 7. 1949), erstmals in: AW 14, S. 458–463; Die Laune des Verliebten, in: Gt 5 (1950), S. 66–68; Fragen, Antworten und Fragen, in: GT 5 (1950), S. 389–395; [Glückwunsch für Walter von Molo], in: W. v. M., Erinnerungen, Würdigungen, Wünsche, 1950, S. 13–18; ebenso in: AW 8, S. 322–328; Heiterkeit und Kostümkunde, in: GT 6 (1951), S. 71–74, ebenso in: Zeitlupe, S. 219–225; Rosa Luxemburg: Briefe an Freunde, in: GT 6 (1951), S. 150–152, ebenso in: AW 14, S. 463–467; Großstadt und Großstädter, in: Minotaurus, Dichtung unter den Hufen von Staat und Industrie, hrsg. v. A. D., 1953, S. 221–241, ebenso in: Zeitlupe, S. 225–244; [Glückwunsch für Theodor Heuss], in: Begegnungen mit Th. H., hrsg. v. H. Bott und H. Leins, 1954, S. 280–283, ebenso in: AW 8, S. 328–331.

III. Künftige Aufgaben der Döblin-Forschung

Was Günter Grass 1967 mit voller Berechtigung registrieren konnte, daß nämlich »der Wert Döblin [...] nicht notiert« werde, trifft heute nicht mehr zu. Seit Ende der sechziger Jahre, verstärkt noch seit 1970, ist die wissenschaftliche Döblin-Rezeption auf vielen Fronten (dem literarischen Werk bis 1933 fiel dabei zunächst ein zentraler Platz zu, während das Spätwerk lange – im Grunde fast unbesehen – abgewertet wurde und erst in den letzten Jahren verstärkt in den Blickwinkel rückte) sprunghaft vorangekommen. Auffällig ist der große Anteil, den die ausländische Germanistik, insbesondere die Frankreichs, Belgiens, Kanadas und der Vereinigten Staaten an dieser Entwicklung hat. Um so bedauerlicher ist es, daß ein Teil der profunden Arbeiten Louis Huguets auch heute noch schwer oder gar nicht zugänglich ist und auch die inzwischen zahlreichen, nicht in den Leihverkehr gelangenden maschinenschriftlichen Dissertationen aus Amerika weithin folgenlos bleiben (einziger Weg zur wissenschaftlichen Nutzung der in ihrer Qualität übrigens sehr unterschiedlichen amerikanischen Dissertationen ist der Kauf als Microfilm, in einigen Fällen auch, weniger preiswert, als Xerokopie bei: University Microfilm, 313 North First Street, Ann Arbor, Michigan, USA). Als Ausdruck des gewachsenen Interesses an dem Autor hat zweifellos auch die 1983 gegründete ›Internationale Alfred Döblin-Gesellschaft‹ zu gelten, die ihren ständigen Geschäftssitz im Deutschen Literaturarchiv in Marbach am Neckar hat und als ihre Aufgaben laut Satzung die Unterstützung aller Bemühungen um Verbreitung und Verständnis von Döblins Werk, die Förderung der wissenschaftlichen Döblin-Forschung und die Integration der verschiedenen wissenschaftlichen Disziplinen, die durch das Werk des Autors berührt sind, betrachtet. Der konkreten Bewältigung dieser Aufgaben dienen in regelmäßigen Abständen abgehaltene Symposien, die in jüngster Zeit von entsprechenden Publikationen der Tagungsreferate flankiert werden.

Trotz der Fülle neuer Publikationen, die als Orientierungshilfe einen sorgfältig sondierenden Forschungsbericht zum dringenden Desiderat macht, bleiben der Döblin-Forschung immer noch viele, zum Teil sehr grundlegende Probleme zu lösen. Als deren wichtigstes ist zweifellos nach wie vor das Editionsproblem zu betrachten. Zwar wird man aus den schon eingangs erwähnten Gründen heute vom erhabenen Ziel einer historisch-kritischen Gesamtausgabe abrücken müssen, doch ist bereits der weitere Ausbau und Umbau der Ausgabe des Walter-Verlages Aufgabe genug. Ein Band »Kleine Schriften 2« sowie die gesamte Tetralogie »November 1918« sollen die Ausgabe schon in Kürze ergänzen. In den Rahmen der weiteren Perspektive gehören sodann Editionen der philosophischen Schriften, der Schriften zur jüdischen Frage sowie eine schrittweise Neuedition und Angleichung an das inzwischen erreichte Editionsniveau von allen seinerzeit von Walter Muschg eingerichteten Bänden, wobei höchste Priorität der bisher um ihren Schlußteil amputierten »Südamerika«-Trilogie zukommen sollte.

Daß man von ›endgültigen‹ Lösungen in der Literaturwissenschaft überhaupt lieber nicht reden sollte, erweist ein Blick auf die Döblin-Bibliographie. Als 1972 Müller-Salgets umfassende Bibliographie im Anhang seiner Studie »Alfred Döblin. Werk und Entwicklung« und kurz darauf die große selbständige Döblin-Bibliographie Huguets erschienen, mochte man die bibliographische Frage als für jenen Moment tatsächlich gelöst halten. Heute, fast 15 Jahre später, erweist sich die bibliographische Kontinuität als unterbrochen und stellt sich die bibliographische Frage durch das Fehlen jeglicher Zusammenstellung des seither erschienenen umfangreichen Sekundärschrifttums erneut.

Eine andere wichtige Aufgabe der Döblin-Forschung liegt ohne Zweifel auf dem Feld der Biographie. Lebenslauf und Persönlichkeit Döblins sind noch immer so gut wie unbekannt (Schröters rororo-Bildmonographie hat die Lage eher verschlimmert als verbessert). Das gängige, stark klischeehafte Döblin-Bild nährt sich aus wenigen, das anekdotische Element betonenden Erinnerungen von Zeitgenossen und ungleich über die verschiedenen Lebensperioden verteilten Daten. Auf keinem anderen Teilgebiet aber ist auch das Vorankommen so beschwerlich wie gerade hier. Zu der verschleiernden literarischen Verfremdung der wenigen umfangreicheren Selbstzeugnisse kommt, daß Döblin in der Regel kein Tagebuch führte und an ihn gerichtete Korrespondenz erst im Alter gelegentlich aufbewahrte; daß die eigene Briefüberlieferung für manche wichtige Zeitabschnitte fast ganz aussetzt; daß die Robert Minder in den letzten Lebensjahren diktierten Erinnerungen ebenso wie die an Minder gerichteten Briefe der freien Forschung noch verschlossen sind; daß eine wirklich objektive Darstellung aller wichtigen persönlichen Beziehungen schließlich zum heutigen Zeitpunkt noch immer nicht opportun ist. Immerhin aber hat Grabers Briefedition einer künftigen Döblin-Biographie wichtige Vorarbeit geleistet und dürfen die weitverzweigten Recherchen Huguets, die sich freilich im zur Zeit nicht zugänglichen ersten Band seiner Pariser Thèse zu keiner ausgewogenen Lebensbeschreibung fügen (zu fatal ist dort das Kleben am nebensächlichen Detail), als wertvolle biographische Ansätze gelten, die freilich in den letzten Jahren nirgendwo fortgeführt worden sind.

Ob man auch die Gesamtdarstellung von Döblins literarischem Schaffen zu den anstehenden Aufgaben der Forschung zu zählen hat, scheint heute eher fraglich. Da Frühwerk, Werk bis 1933, Exilwerk und Spätwerk inzwischen nämlich recht gleichmäßig ausgeleuchtet sind, zu praktisch allen größeren Werken und Werkkomplexen eingehende Einzelstudien genauso existieren wie zu Döblins Motivik, seinen literaturtheoretischen Auffassungen, seiner journalistischen Arbeit oder seinem politischen Denken, wären von solcher Zusammenschau wohl kaum neue Einsichten, sondern höchstens ein Zurückfallen hinter das bereis erreichte Differenzierungsniveau zu erwarten.

Bemerkenswert ist, daß fast alle Arbeiten über Döblin in irgendeiner Weise der Werkinterpretation verpflichtet sind, der historischen Fragestellung jedoch zumeist ausweichen. Zwar ist versucht worden, den Einfluß Hölderlins, Kleists, Dostojewskis, des Futurismus, James Joyces, Spinozas, Hegels, Schopenhauers und Nietzsches auf Döblin näher zu erforschen. Doch der historische Ort, den er innerhalb der deutschen Literaturgeschichte zwischen Naturalismus, Jugendstil, Impressionismus, Expressionismus und Neuer Sachlichkeit besetzt, ist noch unzureichend bezeichnet. Hier öffnen sich wiederum zahlreiche Einzelfragen. Wie z. B. ist eine augenscheinlich so unzeitgemäße theoretische wie praktische Bemühung um eine Restitution des Epos historisch zu verstehen? Was ergibt der Vergleich mit parallelen epischen Bestrebungen von Zeitgenossen und was derjenige mit dem Werk Brochs und Musils? Welche Stellung nimmt Döblins »Manas« in der Geschichte des Versepos und neben den Wiederbelebungsversuchen dieser Gattung z. B. bei Spitteler oder Däubler ein? Welche Rolle, auch dieses Thema ist erst teilweise behandelt, spielte für Döblin tatsächlich die von ihm so viel geschmähte literarische Tradition, insbesondere auch die der deutschen Klassik?

Umgekehrt ist noch beinahe ungeklärt, welche Bedeutung Döblin seinerseits für Zeitgenossen und Nachgeborene hatte und hat. Das Rezeptionsmaterial ist zwar bibliographisch recht komplett erfaßt und in den Veröffentlichungen von Schuster/Bode (Alfred Döblin im Spiegel der zeitgenössischen Kritik) und Prangel (Materialien zu

Alfred Döblin »Berlin Alexanderplatz«) in wesentlichen Teilen einfach zugänglich. Doch ist es anders denn punktuell kaum ausgewertet und eine Wirkungsgeschichte Döblins noch nicht in Sicht. Ebensowenig ist bislang dargestellt, wie Döblin im einzelnen Dichtungsauffassung und literarische Praxis derjenigen deutschen Nachkriegsautoren beeinflußte, die sich, sei es ausdrücklich (wie z.B. Wolfgang Koeppen, Arno Schmidt, Peter Rühmkorf, Günter Grass), sei es nur implizit, zu Döblin als geistigem Vater und Lehrmeister bekannten.

Döblins medizinische Schriften:

Gedächtnisstörungen bei der Korsakoffschen Psychose (Diss. Freiburg i. Br. 1905), Berlin 1905; Zur perniziös verlaufenden Melancholie, in: Allg. Ztschr. für Psychiatrie und psychisch-gerichtliche Medizin 65 (1908), S. 361–365; Aufmerksamkeitsstörungen bei Hysterie, in: Archiv für Psychiatrie und Nervenkrankheiten 45 (1909), S. 464–488; Die Bestimmung des proteolytischen Fermentes in den Faeces, in: Deutsche medizinische Wochenschrift 35 (1909), S. 1095–1096; Über den Nachweis von Antitrypsin im Urin, in Ztschr. für Immunitätsforschung, Bd 4 (1910), S. 224–228; Untersuchungen über die Natur des Antitrypsins, in: Ztschr. für Immunitätsforschung, Bd 4 (1910), S. 229–238; Zur Wahnbildung im Senium, in Archiv für Psychiatrie und Nervenkrankheiten 46 (1910), S. 1043–1061; Untersuchungen über den Blutzucker (mit P. Rona), in: Biochemische Ztschr., Bd 31 (1911), S. 215–220; Beiträge zur Frage der Glykose (mit P. Rona), in: Biochemische Ztschr., Bd 31 (1911), S. 489–508; Salvarsanbehandlung bei Säuglingen, in: Berliner klinische Wochenschrift 48 (1911), S. 511–513; Pantopon in der inneren Medizin, in: Therapeutische Monatshefte 25 (1911), S. 216–218; Zwei Fälle von einseitiger Lungenatrophie (mit Biernath), in: Berliner klinische Wochenschrift 48 (1911), S. 1076–1078; Die Mortalität bei Brustmilch- und Eiweißmilchtherapie, in: Münchener medizinische Wochenschrift 58 (1911), S. 1174–1175; Zum klinischen Nachweis der Lipoide des Blutes (mit L. R. Grote), in: Berliner klinische Wochenschrift 48 (1911), S. 1629–1631; Zur neurogenen Temperatursteigerung, in: Berliner klinische Wochenschrift 49 (1912), S. 2081–2083; Zum Mechanismus der Atropinvergiftung durch Blut und klinische Beobachtungen über das Vorkommen der Entgiftung (mit P. Fleischmann), in: Ztschr. für klinische Medizin, Bd 77 (1913), S. 145–152; Über die nervöse Regulierung der Körpertemperatur, insbesondere über die Rolle der Nebenniere (mit P. Fleischmann), in: Ztschr. für klinische Medizin, Bd 78 (1913), S. 275–285; Typhus und Pneumonie, in: Berliner klinische Wochenschrift 53 (1916), S. 1168–1170; Nasenblutungen bei der Influenza, in: Medizinische Klinik 15 (1919), S. 146–147.

Kurze Überblicke über das Schaffen:

Beyer, M.: Nachw. Vertrbg. Beyer, S. 527–545; *Brenner, H. G.:* A. D.s Werk und die Zeit, in: Die neue Bücherschau, F. 5 (1927/28), S. 20–24; *Christ, R.:* Zum Spätwerk A. D.s, in: Aufbau 13 (1957), H. 6, S. 618–624; *Daiber, H.:* Trotz vorzüglicher Hochachtung, in: Wort in der Zeit 5 (1959), H. 5, S. 34–38, ähnlich u. d. T. Zwischen den Linien, in: DR 84 (1958), S. 754–758; *Duwe, W.:* Deutsche Dichtung des 20. Jahrhunderts, Bd 2, 1962, S. 20–34; *Dietz, W.:* A. D. und sein Werk, in: Neue Schweizer Rundschau 2 (1928), S. 602–609; *Eggebrecht, A.:* Das Werk A. D.s, in: LW 4 (1928), Nr 32, S. 3–4; *Endler, A.:* Das Werk A. D.s, in: NM 6 (1922/23), S. 368–382; *Heist, W.:* Der Fall D., in: NDH 4 (1957/58), S. 1114–1120; *Hennecke, H.:* Voraussetzungslosigkeit und Überlieferung. A. D., in: H. H., Kritik, 1958, S. 164–168; *Hersche, O.:* über A. D., in: Schweizer Rundschau 66 (1967), S. 682–692; *Jacob, H. E.:* A. D., in: Das Schönste 7 (1961), Nr 4, S. 61–65; *Kayser, R.:* A. D., in: Das Kunstblatt 9 (1925), S. 132–134; *Ders.:* Dichterköpfe, 1930, S. 148–153; *Kesten, H.:* A. D., in: H. K., Meine Freunde die Poeten, 1953, S. 99–108, 1959, S. 111–122; *Kreuder, E.:* Vom Wesen der Dichtkunst, in: A. D., 70, S. 58–62; *Lion, F.:* Bemerkungen über A. D., in: NR 33 (1922), S. 1002–1013; *Ders.:* Das Werk A. D.s, in: NR 39 (1928), Bd 2, S. 161–173; *Lüth, P. E. H.:* Das Spätwerk A. D.s, in: Der Bogen 2 (1947), H. 4, S. 24–27; *Marcuse, L.:* A. D., in: GQ 31 (1958), S. 4–5; *Ders.:* Berge, Meere – und ein Gigant, in: FAZ v. 9. 8. 1958; *Ders.:* Das unruhige Leben des A. D., in: Stuttgarter Ztg. v. 13. 1. 1962; *Mendelssohn, P. De:* S. Fischer und sein Verlag, 1970, s. Register; *Meyer-Benfey, H.:* A. D., in: H. M.-B., Welt und Dichtung, 1962, S. 422–424; *Minder, R.:* A. D. Citoyen du monde et grand écrivain allemand, in: Allemagne d'aujourd'hui (Paris) 1 (1953), S. 690–695; *Muschg, W.:* A. D., heute, in: TK, S. 1–4, ebenso in: W. M., Pamphlet und Dichtung, 1968, S. 383–390; *Pulver, M.:* A. D., in: Der Lesezirkel (Zürich) 15 (1927/28), H. 3, S. 21–23; *Rost, N.:* Het werk van A. D., in: Groot-Nederland (Amsterdam) 21 (1923), S. 495–499; *Schmid, P.:* A. D., in: LE 24 (1921/22), Sp. 776–782; *Siemsen, A.:* Zwei Dichter der jüdischen Emigration: Franz Werfel und A. D., in: Judaica (Zürich) 1 (1945), S. 157–168; *Schweikert, U.:* Mythos, Geschichte, Aktualität. Das Werk A. D.s, in: NR 89 (1978), S. 588–599; *Soergel, A.:* Zu einem neuen Naturalismus hin. A. D., in: A. S., Dichtung und Dichter der Zeit. N. F. Im Banne des Expressionismus, 1925, S. 871–885, neu bearbeitet in: Soergel, A./Hohoff, C. Dichtung und Dichter der Zeit, Bd 2, 1963, S. 526–535; *Strelka, J.:* Der Erzähler A. D., in: GQ 33 (1960), S. 197–210; *Wald, R.:* Moderne Dichterärzte. XIV. A. D. in: Fortschritte der Medizin 51 (1933), S. 115–122.

Studien zu Einzelproblemen:

Studien zu Döblin als politischem Schriftsteller: *Endres, E.:* D. als Journalist, in: TK, S. 65–68; *Kleinschmidt, E.:* »Es gibt den eisklaren Tag und unseren Tod in den nächsten 80 Jahren«. A. D. als politischer Schriftsteller, in: Jb. der deutschen Schillergesellschaft 26 (1982), S. 401–427; *Mader,* S. 73–174; *Zeller, W.-U.:* A. D. als Journalist und seine Zeitschrift Das Goldene Tor, Magisterarbeit München 1968 (masch.).

Studien zu Einfluß und Wirkung Döblins: *Baake, D.:* Erzähltes Engagement. Antike Mythologie in D.s Romanen, in: TK, S. 22–31; *Duytschaever, J.:* A. D.s Ibsen-Rezeption, in: Arcadia 9 (1974), S. 161–167; *Ders.:* A. D. und Walt Whitman, in: Revue d'Allemagne 5 (1973), S. 746–766; *Kellermann, R.:* Günter Grass und A. D., in: Grass. Kritik – Thesen – Analysen, hrsg. v. M. Jurgensen, 1973, S. 107–150; Katalog *Meyer,* S. 508–521; *Weyembergh-Boussart, M.:* A. D. et F. M. Dostojewski: Influence et analogie, in: Revue des langues vivantes 35 (1969), S. 381–404, 505–530; *Weyembergh-Boussart,* s. Register.

Studien zur Romantheorie D.s allgemein: *Best, O. F.:* Epischer Roman und dramatischer Roman. Einige Überlegungen zum Frühwerk von A. D. und Bert Brecht, in: GRM 22 (1972), S. 281–309; *Faulhaber,* S. 134–174; *Grothe, W.:* Die Theorie des Erzählers bei A. D., in: TK, S. 5–21; *Hillebrand, B.:* Theorie des Romans II: Von Hegel bis Handke, München 1972, S. 179–192; *Kimber,* S. 77–94; *Kleinschmidt, E.:* Depersonale Poetik. Dispositionen des Erzählens bei A. D., in: Jb. der deutschen Schillergesellschaft 26 (1982), S. 383–401; *Veit,* S. 28–95.

Studien zu anderen Einzelproblemen: *Armin, A.:* Les styles, voilà l'homme! D.s sprachliche Entwicklung bis zu Berlin Alexanderplatz, in: Zu A. D., S. 41–56; *Binneberg, D.:* Die Funktion der Gebärdensprache in A. D.s Erzählungen, in: ZfdPh. 98 (1979), S. 497–514; *Knifke, F.:* Realité et langage romanesque dans l'œuvre d'A. D., in: Recherches Germaniques 1971, S. 155–163; *Kreutzer, L.:* Abläufe oder Geschichten, in: Akzente 14 (1967), S. 310–325; *Kröll, F.:* Im Schatten der Restauration. Skizzen zum Spätwerk A. D.s, in: kürbiskern 1985, H. 1, S. 142–149; *Links, R.:* A. D. – der praktische Widerspruch, in: Mitteilungen. Akademie der Künste der DDR 17 (1979), S. 10–14; *Sebald, W. G.:* Zum Thema Messianismus im Werk D.s, in: Neophilologus 59 (1979), S. 421–434; *Ders.:* Schock und Ästhetik – Zu den Romanen A. D.s, in: Orbis litterarum 30 (1975), S. 241–250; *Strelka, J.:* A. D. Kritischer Proteus in proteischer Zeit, in: Zeitkritische Romane des 20. Jhs., hrsg. v. H. Wagener, 1975, S. 37–53.

Personenregister

(gilt nur für den Textteil)

127

Werkregister

131

SAMMLUNG METZLER

J.B. METZLER

Printed in the United States
By Bookmasters